多点磨炼，让男孩的内心更强大

DUO DIAN MOLIAN
RANG NANHAI DE NEIXIN
GENG QIANGDA

潘鸿生◎编著

北京工业大学出版社

图书在版编目（CIP）数据

多点磨炼，让男孩的内心更强大 / 潘鸿生编著 . —
北京：北京工业大学出版社，2016.8（2021.9 重印）
ISBN 978-7-5639-4775-1

Ⅰ. ①多… Ⅱ. ①潘… Ⅲ. ①男性－家庭教育
Ⅳ. ①G78

中国版本图书馆 CIP 数据核字 (2016) 第 161165 号

多点磨炼，让男孩的内心更强大

编　　著：潘鸿生
责任编辑：杜曼丽
封面设计：胡椒书衣
出版发行：北京工业大学出版社
　　　　　（北京市朝阳区平乐园 100 号　邮编：100124）
　　　　　010-67391722（传真）　　bgdcbs@sina.com
经销单位：全国各地新华书店
承印单位：唐山市铭诚印刷有限公司
开　　本：787 毫米 ×1092 毫米　1/16
印　　张：14
字　　数：213 千字
版　　次：2016 年 8 月第 1 版
印　　次：2021 年 9 月第 3 次印刷
标准书号：ISBN 978-7-5639-4775-1
定　　价：39.80 元

前　言

每一个男孩都应该有一个足够强大的内心！

做父母的都爱自己的孩子，都想给孩子提供最好的条件，不仅包括衣食住行，还包括快乐的情绪、积极健康的心理，父母恨不得满足孩子的一切需求，可以说是呵护备至。可是，孩子从出生那天起就作为独立的个体，生存在这个世界上，一路风霜雨雪，又哪里是别人所能呵护得了的呢？身为人父人母，父母希望自己的孩子面对艰难时，不知所措吗？愿意看到孩子在逆境中退缩不前，体会失败吗？实际上，只有那些经历过逆境的人，才有更高的耐受力，生命才更顽强。

每个人都是在跌跌撞撞中成长的，男孩面临的同样是需要自己行走的人生之路，他虽弱小，但他必须在跌撞中变得强大。如刚长出绒毛的小鸟，扑腾着要练习飞翔，伴随它的是练习的艰辛、失败的哀伤以及日渐强壮的喜悦。父母可以给孩子许多许多，却不能帮他们走路。毕竟，男孩总要长大成人，总有一天，男孩要一个人走，要一个人面对世界，有远见的父母不会用物质来塞满男孩未来的行囊，但却一定会刻意强化男孩的内心。邱泓又老师说："一个有出息的人，一定是一个内心强大的人。"

一个内心强大的男孩，才能轻装上阵，懂得运用智谋和情商，去应对这个社会。一个内心强大的男孩，做什么都有勇气，顽强不屈，即使遇到逆境也不退缩。其实，挫折并非都是坏事，许多时候，它们甚至会磨亮男孩的人生。难怪现在人们都说，要感谢生活中那些折磨自己的人和事。

的确，人生之路是漫长而艰难的，每当男孩向前跨进一步的时候，他都将面临十分严峻的考验，要想跨过前进路上的坎坎坷坷，不仅需要无穷的智慧，更需要异于常人的勇气。这种智慧和勇气，如果只是依靠父母的庇护，是不可能获得的，就如长期依偎在老鹰羽翼下的小鹰，永远学不会飞翔，小鹰要想学会飞翔，就必须脱离老鹰的照顾，依靠自己去学习，去经历艰难的磨砺，才能使自己的羽翼丰满起来，才能展翅飞翔。当男孩可以怀着一颗强大的心独立于世，面对各种问题可以从容应对的时候，所有的父母都会感到欣慰和满足。在那一天到来之前，父母要用爱心、耐心和信心给男孩以心灵的滋养，让它足够强大。所以，心灵的教育应该成为教养的核心与本质。

"自古雄才多磨难，从来纨绔少伟男"，只有内心变得强大，才能战胜外在的困境。培养男孩强大的内心，是一个未雨绸缪的长期坚持的过程，我们不能等到发现男孩出现问题时，才急于改变男孩的心理素质。尽早地反思教育，尽快地用正确的理念、恰当的方式方法培养男孩，让男孩从小就有一颗强大的心，将来能走更远的路，这才是父母当下最应该做的。

目　　录

第一章　特别狠心特别爱，让男孩接受更多的磨炼

第二章 未来有多艰险，男孩就要有多勇敢

第三章   磨炼意志，让男孩学会正确对待挫折

第四章　男孩自己的事，就让他自己去做

第五章　坚毅自强，帮男孩实现自我成长

第六章　世界再寒冷，也要让男孩心中有阳光

第七章　体验成功，让男孩做最好的自己

第一章
特别狠心特别爱，
让男孩接受更多的磨炼

"穷养男孩"，让男孩越来越优秀

"穷养男孩富养女"是中国父母养儿育女的金科玉律。对于成长中的男孩，先哲曾讲过要"苦其心志，劳其筋骨，饿其体肤，空乏其身"，历经磨难，才可勇敢无畏，从而担当大任。

和女孩相比，男孩将来要承担更多的社会责任和家庭责任，面临的竞争也许会更激烈。因此，无论男孩的家庭多富足，男孩也要穷着养。男孩只有经历过磨砺，才能激发出无限潜能，变得自信、自强、自立，从而担当重任。

"穷养男孩"的真正含义并不是让父母在养育男孩时缺衣少食，或者惩罚打骂，而是让男孩尽可能地经历一些人生的挫折，提升应对各种困难的能力，学会勇敢，有责任心，具备宽广的心胸，有创造性的思维方式，懂得爱与感恩，有能力创造财富并保有财富，身心健康，会学习，具备一定的领导能力。可以说，穷养的着眼点，是给男孩一个成功的人生。

古话说："艰难困苦，玉汝于成。"男孩要成才，只有经过"艰难困苦"，才能"玉汝于成"。让男孩过早地亲近"富"，远避"穷"，看似爱之，实则害之。所以，一定要让男孩在必要的"穷"和"苦"中得到锤炼，懂得以艰苦奋斗为荣，以骄奢淫逸为耻，才能体会到靠自己的努力争取得来的快乐，才能懂得珍惜，这对于男孩的自立自强是一种磨炼。

俗话说："穷人的孩子早当家"。所以，无论家境多好，对男孩绝对不能宠，必须穷着养，让他吃得苦中苦，在吃苦中他的意志能得到磨炼，培养其艰苦朴素、吃苦耐劳的作风，仁义孝道的思想，让他从小就明白生活的艰辛。如此，将来才可担负起社会和家庭的重任。无数例子告诉父母，过多的物质和金钱不仅难以培养男孩独立面对未来的能力和魄力，反而会将他本应具备的能力和积极进取之心彻底地埋葬。正是从这个意义上说，"穷养男孩"才有了更为深刻的内涵。

"从来纨绔少伟男"，男孩就要穷着养。对于父母来说，最重要的不是留给男孩万贯家财，不是给男孩设计好人生道路，而是帮助男孩成就自己的人生——让男孩具备积极良好的心态、乐观向上的精神、坚强自信的性格，这样男孩才能在走入社会后无惧风雨，闯出自己的一片天空。所以，父母应该树立起"穷养男孩"的意识，主动学习"穷养男孩"的理论和技巧，在教育实践中灵活运用。

1. 让男孩体验挫折感

有一位母亲的教育经验是这样的：

儿子牛牛从小就有些娇气，平时家人也都很疼爱他，从来都没让他受过委屈。在牛牛上小学之后，就开始变得自卑、怯懦，而且像个小女孩似的一遇到困难就哭，甚至还会发脾气摔东西，心理承受能力很差。

我和爱人、牛牛的爷爷奶奶商量之后，决定改变对孩子的教育方式，不再溺爱孩子，而是让他体验挫折。例如以前他要零花钱，我们马上就给，但现在我们不再随便给他，而是让他通过适当的家务劳动赚取零花钱，或者他遇到问题请求我们帮助时，我们不再是全权包办，而是引导牛牛自己想办法解决问题。一段时间后，我发现牛牛变得坚强、勇敢了很多。

这位母亲做得非常正确！如果父母过于溺爱和保护男孩，只会让他变得意志软弱，甚至稍遇不顺心或挫折就走向极端。所以，"穷养男孩"的第一步就应该让男孩适当体验挫折，鼓励男孩克服并战胜困难，进而激发出男孩勇敢无畏的精神，积极面对各种困难。

2. 不给男孩过于充分的物质条件

有这样一篇报道：

一对夫妻把儿子辛辛苦苦养大，儿子大学毕业后上了班，有了收入，父母就不再给他零花钱。可是进入社会的儿子不但要用好的、吃好的，还要追时髦，钱根本不够花。最后，他对父母说："如果你们不能给我提供一辈子的优裕生活，为什么让我从小就养成这种习惯？"

看了这个故事，每个父母都应该反思一下，自己家里有没有这种潜在的危机。

无数的事实证明，如果父母给予男孩太多太好的物质生活和享受，他就会永不休止地光顾着索取，而忘记了奉献和创造；如果父母时刻为孩子遮风挡雨，孩子就会变成养在笼子里的"金丝鸟"，永远地丧失展翅高飞的能力。男孩穷着养，才能培养出他坚毅的性格、吃苦耐劳的精神和自立自强的品质。

3.男孩要养成独立生活的意识

有研究表明，如果能够从父母身上得到充分的支持和爱，男孩会比女孩更早地走向独立。通过对6个月的男婴和女婴的对比实验可以发现，面对困难的时候，男婴已经开始试图通过自己的探索尝试解决问题的途径，而不是借助哭泣等手段。因此，男孩不够独立，父母应该在自己的身上找原因。一方面，父母总是娇惯男孩，不愿意让男孩受苦，怕他不小心磕着碰着。另一方面是父母怕麻烦，有些父母说：有教男孩做事情的那些时间，自己早就替他做好了。男孩力所能及的事都不用做，从而剥夺了孩子学习生活自理的机会。当今独生子女缺乏自理能力普遍是由于上述原因。

事实上，父母这种完全忽略男孩自理能力培养的心态，既害了他，也害了父母。因此，强化培养自理能力的意识是很有必要的。

爱孩子，但绝不能溺爱孩子

在这个世界上，每个人都赞美无私的爱，可是，有时爱也是一种伤害，有时甚至是致命的。有教育家为了让父母记住这个血的教训，就把父母那种无私的溺爱而导致了孩子的无能称为"天鹅效应"。

高尔基说过："爱孩子,这是母鸡也会的事。"的确,疼爱男孩是父母的天性,但是如果疼爱得过了头,就会变成溺爱,溺爱只会害了他。作为父母,千万不要做这种无可挽回的事情。

教育男孩,最忌讳的就是溺爱。一个在溺爱环境中长大的男孩,别指望他将来会有出息。对男孩的爱,只能放在心里,表现出来的,该狠还是要狠一点。要舍得让男孩吃一点苦头,不要对男孩的要求全部给予满足。以男孩为中心,一味地溺爱,是不利于男孩身心健康的,对他们的成长极为不利。

法国教育家卢梭说："你知道运用什么方法,一定可以使你的孩子成为不幸的人吗? 这个方法就是对他百依百顺。"这就是溺爱。

现在的很多男孩都是独生子,成了家庭的中心,"捧在手里怕飞了,含在嘴里怕化了",呵护有加、爱护过度成了家庭教育的主流。而这种"呵护有加,爱护过度"的家庭教育就是溺爱型教育。所谓溺爱,就是非理性地过度宠爱、迁就、姑息孩子。具体表现为让男孩在家庭中处于特殊的地位,过度保护,将其视为家庭的中心人物;对男孩的任性、骄横采取百依百顺的态度;生活上让男孩吃独食,包办代替;对男孩的缺点错误护短,等等。

其实,男孩的不良习惯和不良行为的形成,都与父母的娇惯、溺爱有直接关系。溺爱男孩并不是爱他,而是把他往火坑里推。被溺爱的男孩很难遵守规矩和约束,以自我为中心,凡事只会想到自己,自私自利,会以为规矩都是为别人制定的,与自己无关。苏联著名教育学家马卡连柯警告说："父母对自己的子女爱得不够,子女就会感到痛苦,但是过分溺爱虽然是一种伟大的感情,却会使子女遭到毁灭。"如果父母无视这种警告,一意孤行地认为只要尽力把男孩的生活道路铺得平平顺顺的,就能保证男孩幸福健康地成长。那么,这种教育方式势必会影响男孩在各个方面的发展,让男孩失去竞争力,甚至使男孩养成各种不良性格。

《颜氏家训》中的一段话是这样的:世上有些人,对子女不加管教,而是溺爱,本来该劝诫却反而去鼓励,该斥责却笑着表示赞同,以至于子女长大后不良习惯已经形成,那时再去管教他们,就是打死他们也不害怕。北齐时的颜之推说的这番话至今令人深思。

　　其实，父母爱男孩，可以智慧地爱，要放弃用过分控制或纵容的方法对待男孩，用慈爱而坚决的方法教育男孩、培养男孩，会对男孩的成长更有帮助。当男孩做错了事，父母要讲明是非，纠正错误，再以适当的方式表示亲昵，使其感到父母依然是爱他的。这样能激起男孩对父母由衷的爱戴与尊敬，也能使他感觉与体会到父母养育自己的艰辛。

　　　　刘阳是一个优秀的男孩。他的爸爸是一家大公司的董事长，妈妈是国家政府机关的公务员，家庭条件十分优越，但是刘阳的父母对他要求十分严格，从不娇惯他。

　　　　从小的培养和教育，让刘阳十分理解父母的苦心。上小学时，妈妈只接送过他上下学两周，等他认识了路之后，妈妈就再也没有接送过他。从小学到高中，他都自己的事情自己做，从而培养了自己坚强、独立的性格。

　　　　刘阳大学毕业以后，虽然他很优秀，但是在父亲的企业里当一名普通职员，从基层做起。由于刘阳严格要求自己，虚心向周围同事学习，不仅提升了工作能力，还获得了好口碑。父母很欣喜。

　　从刘阳的成长过程中，人们没有看到父母对他的溺爱，相反，他的父母用"穷养"的方式，将他教育成为一个真正的男子汉。

　　父母对男孩的爱是伟大而无私的，只是凡事要有度，要适度而行。正确的爱对男孩的健康成长起着很大的促进作用。溺爱让男孩不会爱，甚至使男孩失去爱的能力。只有让男孩吃一些苦，让男孩遇到一些小的挫折，他才能够真正懂事。

　　为人父母不仅要爱男孩，而且更重要的是让男孩学会爱。男孩未来要走的路很漫长，父母不可能一直伴随在男孩左右，所以不要让男孩在溺爱中成长。

1.对男孩爱的表达要适可而止

爱男孩要适可而止，不要什么时候、什么事情都围着他转，时间一长，他就会产生一种以自我为中心的思想，凡事都必须以他为先。父母要试着把关注的重心从男孩身上挪开，分散到其他人和事情上。

2.不搞特殊待遇

如果时时处处给孩子特殊照顾，有好东西给男孩留着，会让男孩感到自己在家地位高人一等，这样的男孩自感特殊，习惯于高高在上，必然变得自私、没有同情心，不关心他人。

3. 正确对待男孩的要求

父母对男孩的要求要慎重考虑，不能男孩要什么就给什么。满足男孩要求应该以家庭的实际经济状况和有利于他的身心健康为前提，千万不能百依百顺，有求必应。过分地满足男孩的需求容易引发男孩过高的欲望。要知道，欲望无止境，一味满足男孩的欲望只能使他养成越来越贪婪的恶习。一旦父母无力满足其需求时，势必会引起男孩的不满，最终会导致难以管教的局面，甚至会使男孩走上邪门歪道，这应该是每位父母需要注意的。

4.不包办代替

很多父母担心男孩做不好事情，于是任何事情都代替他做，结果导致男孩三四岁了还要父母喂饭、穿衣，五六岁了还不会做简单的家务。这样的男孩就不会变得勤劳、善良，也缺少同情心和上进心。

5.学着放手

男孩渐渐长大，父母就要学着放手，让他学会自理，学会面对，学会坚强，学会担当。从学会自己穿衣、吃饭、洗漱，到帮助家里打扫卫生、洗菜洗碗、洗衣服，只要是男孩力所能及的，就让他去做。不要事事都包办代替，不然的话男孩永远也不会长大成熟，而且会很懒惰。

6.勇于让男孩脱离父母的庇护

不要像母鸡护着小鸡一样护着，这样的男孩只会一味躲在家里，根本没办法独立生存。父母要勇于让男孩脱离父母的庇护，让他走出家门，多参加学校的集体活动。只有这样，男孩才能在未来激烈竞争的社会中，风雨无阻地前行。

放手才是大爱，舍得才是教育

众所周知，被喂养惯了的动物接受放养时，通常自己不会捕食。大自然的生存法则告诉人们：动物如果学不会自己捕食的话，就会被饿死。同样的道理，在父母的庇护下长大的男孩通常没有在社会独自生存的能力。这样的男孩一旦长大后，当父母因为一些原因无法顾及时，男孩就只能在社会上到处碰壁。

现实情况却让人们颇为沮丧。有些父母往往喜欢当男孩的保护伞，每当孩子遇到困难或者障碍的时候，就立刻出手，干净利索地替男孩解决问题。而且父母还认为，这样可以避免让孩子遭受挫折，受到伤害。所以，当孩子去做自己不熟悉的事情时，父母也会小心翼翼地跟在身边，生怕他做不好，怕他会吃苦、受罪……总而言之，父母舍不得放手，也不相信男孩能靠自己的努力把事情做好。

一位从事教育工作几十年的教授说："我如今越来越担忧中国的教育，尤其是中小学教育。孩子生活在父母的保护伞下，不经日晒，没有雨淋，就像生活在温室里的花朵。"的确如此，很多男孩从小到大，处处依赖父母。从幼儿园到小学、中学乃至大学，他们对依赖父母的照顾习以为常，甚至升学、就业，也是父母奔走操劳，替男孩选学校、选专业、找工作，不辞辛苦，替男孩包办到底。等男孩要成家的时候，父母又要为他操办婚事，替他们抚养孩子。有了父母尽心尽力的"包办"，难怪这样的男孩会成为"温室里的花朵"。

一位母亲为了考上美国某著名大学的"神童"儿子能衣食无忧，不惜一切代价要拿到美国绿卡，去陪儿子一起读书。终于，儿子在母亲的陪同下去了美国。她省吃俭用，变着花样给儿子弄好吃的好穿的。几年后，儿子找到一家好公司去上班，母亲却因为过度劳累而重病不起。自从母亲病倒后，儿子就因为生活不会自理而被公司解雇。儿子另找工作却连连碰壁，最后落得沦落街头的悲惨命运。

上面这个事例不能不引起父母的反思：如果父母只想让孩子生活舒适，包办男孩的全部事情，不让他动手、动脑，那么父母就等于把男孩的手、脑都束缚起来，结果只会导致男孩什么事都不会做，也不愿意做。将来男孩长大进入社会独立生活、工作时，就没有自理能力，这会给男孩的生活带来诸多不便，影响他的学习和工作，甚至可能因为缺乏自理能力而断送他的美好前程。所以，父母若真是为男孩好，就应该放开双手，让他学会自己独立生活。

父母放手才是真正能让男孩学会独立生存的一步，爱他更应该让他学会独立。在生活中，父母要像故事中的父亲学一学，大胆放手，给予男孩一点儿独立的空间，给予男孩一个锻炼体验的机会，让他像小鸟一样学会展翅飞翔。父母不应该过度溺爱男孩，放开手让他明白自己学会独立才是成长之道，这才是父母真正爱男孩该做的事情。

小鸟从小就有飞的本能，男孩也有独立判断成长选择的能力。放手把自由还给孩子，父母就会发现其实他比想象的更勇敢、更自信，也飞得更高、更远。

每个男孩都有自己的未来，都有自己要承担的责任和义务。所以，父母最需要做的是学会放手，给男孩成长的机会。

1.给男孩实践的机会

当今，很多男孩有一个致命的弱点，那就是依赖性强，没有自主性。这种现象归根结底就在于父母的包办代替，使得男孩缺乏自信心，能力低下，让男孩丧失了自我实践的机会。

男孩刚开始学习穿衣、穿鞋时，会笨手笨脚，磨磨蹭蹭的，父母过来很快就帮他穿好了；男孩小时候学着自己吃饭，可能掉得满桌子都是饭菜，没有吃到嘴里多少，父母看着很不耐烦，于是就亲自喂男孩吃饭……父母的做法看起来利索、痛快，但却剥夺了男孩学习的机会，同时也养成了男孩凡事依赖父母的习惯。所以，父母应该给男孩实践的机会，教男孩做各种事情的方法，让男孩在实践中得到锻炼。

2.让男孩做力所能及的事

在日常生活中，父母可以有意识地让男孩做一些力所能及的事。孩子有自己的头脑和思考方式，父母少帮男孩做一点事并不意味着孩子就会出问题，反而会让男孩在自立自主、探索和实践的过程中，体会到自我的力量，并由此产生成就感和自信心。即使失败，父母帮男孩找出失败的原因，避免再次失败，从而为他将来的人生积累经验。

3.相信男孩能把家务做好

每个男孩都是能干的，有些父母不相信自己的孩子，觉得他这样不行、那样不行，或担心这也不会、那也不会，很多事都替男孩做好，不让男孩做任何家务。究其原因，其实最主要的是父母不相信自己的孩子。父母要相信自己的孩子肯定能干，别小看孩子年龄小，其实都非常能干，很多事情都可以让他们自己干。只要父母相信他，放手让他去干，也许父母会得到一个惊喜。

在农村有一个七八岁的小男孩，他父母早上六七点钟就要下地干农活，晚上很晚才能回家。因此早上起来烧饭以及一天的家务，包括送饭菜、喂牲畜、带五岁的弟弟，全都是他一个人撑着。

不让孩子尝试，孩子永远也独立不了，到长大就真的什么也做不成了、干不好了。父母要知道，帮一时，替一时，帮不了孩子一辈子，因此，在孩子生活中，父母一定要注意培养孩子的独立性。

苦难的人生是男孩的一笔财富

"天将降大任于斯人也，必先苦其心志，劳其筋骨，饿其体肤。"在一个人获得成就前，他的躯体和灵魂必须受到磨炼，必须有坚强的意志。苦难能磨炼人的意志。生活就像无边的海洋，只有意志坚强的人才能到达彼岸。

人生的成长过程，不可能是一帆风顺的，有时会经历许多的风风雨雨。人只有在风雨的磨炼中才会铸成坚强的性格。让孩子经历苦难是促进孩子成长的必修课。

苦难是人生的一大笔财富，不幸和挫折可以使人沉沦，也可以铸造人的坚强意志，成就充实的人生。苦难是人生的一位良师，它能教给孩子学会用感激的心情、积极的态度对待一切问题，勇敢地面对一切。

英国著名物理学家威廉·亨利·布拉格出身贫苦，父母都没有文化，但他们不愿意让孩子也没有文化，靠出卖体力为生。于是，他们拼命工作，省吃俭用，一心想叫儿子多读书，成为一个有学问的人。布拉格看到父母每天都很辛苦，为了能够减轻他们的负担，就在附近一家杂货店找到了一份工作，利用上学之余去帮工挣钱。

这件事很快就让父亲知道了，他把布拉格叫到身边和蔼地说："你真是个懂事的孩子，但是眼下你最重要的责任就是读书，只有把书读好了，以后才能改变我们贫穷的状况。"

布拉格是个懂事的孩子，他明白父亲的一片良苦用心，从此以后，他学习非常刻苦认真，学习成绩在班级、年级里总是名列前茅。由于他的成绩优秀，布拉格被保送到了威廉皇家学院学习。

在英国威廉皇家学院读书的孩子，大多是一些有钱人家的子弟。他们一个个衣冠楚楚，神气十足，而布拉格寒酸的穿着，经常会受到他们的讽刺和挖苦，特别是那双与布拉格的脚大小不相称的破皮鞋，有些人就以此寻开心，甚至诬陷他，说这双皮鞋是偷来的。

可恶的流言却从此流传起来，而且很快地传到了负责纪律操行的学监耳朵里。他把布拉格叫到办公室，用冷峻的目光紧紧地盯在布拉格那双大得不合脚的皮鞋上。布拉格明白了，他喃喃地说道："先生，我知道您为什么把我叫来，那些都是谣传，这儿有一封信，您看完就明白了。"他说着，从兜里掏出一张折得皱皱的纸，交给学监。学监接过纸片，只见上面写道："孩子，总想给你买双新鞋，可是真抱歉……但愿再过一两年，我的那双破皮鞋，你穿在脚上不再嫌大。如果这双鞋你都能对付，那么以后还会有什么样的鞋你不能适应呢？我想你能明白我的意思。要是你一旦做出了成绩，我也将因此而深感自豪，因为我的儿子是穿着我的破皮鞋努力奋斗成功的。"

看过后，学监被深深地打动了，他拍着布拉格的肩膀，深表歉意。而蒙受侮辱的布拉格，此时再也忍不住了，他放声痛哭起来。

布拉格没有辜负父亲的期望，贫穷和凌辱没有击倒他，反而使他变得更坚强。后来，他终于成为一位著名的物理学家。

苦难是人生最好的老师。人只有经受过苦难，才会受到锤炼，灵魂才会得到升华，意志才能得到坚强，才能真正认识人生，从而实现人生的最大价值。俗语常说"穷人的孩子早当家"，吃苦的精神与良好的心态是从童年和青少年时期不断受挫和解决困难中培养起来的。只有让孩子不断进行苦难的磨炼，将来才能适应飞速发展、竞争激烈的社会。

让孩子面对困难能够保持一个乐观、积极的人生态度，对孩子来讲非常重要。不要让孩子感觉吃苦就是不幸福。其实，逆境更能锻炼人，只有在走出了逆境之后，他们才能真正体会到什么是幸福。因为幸福可能是在克服困难之后才获得的精神愉悦。

苦难是一种财富，是对人生的一种考验。法国作家巴尔扎克说过："苦难对于天才是一块垫脚石，对于能干的人是一笔财富，对于弱者是一个万丈深渊。"当男孩面临苦难的时候，父母应该积极地鼓励他善待苦难，忍受苦难，超越苦难。让男孩知道，真正能激起振奋的只有苦难，也只有战胜苦难，才会最终成为人们羡慕的成功者。

有人说，贫穷和富裕是把"双刃剑"，贫穷能剥夺人享受的机会，却也能锻炼人的性格；富裕能打开人的眼界，却也能窒息人的精神。只有经历过磨难的孩子才会知道幸福生活来之不易，才会倍加珍惜它，也才能在挫折和失败面前永不气馁、勇往直前。所以，在疼爱孩子的同时，千万不要忘记让孩子多经历些"磨难"锻炼，只有经历了，他们才懂得珍惜，才会悟出做人的道理。

1. 让男孩经历生活的磨难

曾有一位事业有成的企业家，他的孩子因为家庭条件优越，只知享受，学习成绩越来越差。这位企业家果断地中止了孩子的学业，将其送到一家铸造厂当炉前工。这个孩子在进工厂一个月后，说太苦，要回学校读书，企业家不同意。半年之后，企业家终于同意孩子回校了。离开工厂，重回校园，孩子从此发奋读书，学习成绩突飞猛进。

为了培养男孩克服困难的能力，应该让男孩经常经历生活的磨炼，养成坚韧的品格。男孩在生活里锻炼的过程中，真正参与现实生活，真正感受到生活的不易，才能发现自己生活的珍贵，才能明白幸福生活要靠自己去努力才能得到。

2. 教男孩不向苦难屈服

19世纪中叶，在法国里昂举行的一次盛大宴会上，在场嘉宾对一幅画产生了分歧，争论起来。他们争论的焦点是那幅画到底是表现了古希腊神话中的场景，还是真实地描绘了古希腊的历史。这时，主人请一位侍者解释一下。当侍者解释完，每个人都认为他解释得很正确，争论平息下来。

后来，一位绅士问那位侍者："先生，请问您是在哪所学校接受的教育？"侍者回答："我在很多所学校都接受过教育，不过，我在其中学习时间最长、学到东西最多的那所学校叫'苦难'。"这个侍者就是卢梭，也就是后来法国著名的思想家、伟大的天才。卢梭没有向苦难屈服，而是借助苦难，让自己成长起来。

对于苦难，著名波兰裔科学家居里夫人这样说："我从来不曾有过幸运，将来也永远不指望幸运，我的最高原则是：不论对任何困难都坚决不屈服！"伟大的人都不会向苦难屈服，他们一定会挑战苦难，冲破苦难，让自己强大起来。所以，父母要教育男孩抬起头来，笑对苦难，相信一切都会过去，向往美好的未来，不向苦难屈服；要让男孩善于对环境的变化做出积极正面的反应，把不利条件化为有利条件，他就一定能摆脱苦难，战胜苦难，从而在多难而漫长的人生路上，始终保持一颗健康的心，绽放绚烂的笑容，一步步走向成功。

既然不能守他一辈子，就别舍不得让他受苦

常言道："吃得苦中苦，方为人上人。"吃苦是人生的一笔财富。然而，现在的孩子大多数是独生子女，备受家长的宠爱，有些父母无条件地满足孩子的要求，使孩子容易地得到许多物质享受，不懂得什么是苦，什么是累。其实，为了孩子的健康成长，从教育的角度讲，父母应该让孩子知道什么是苦、什么是累，努力培养孩子适应各种环境的能力，使孩子从小具有良好的意志品质。

日本人教育孩子有一句话：除了阳光和空气是大自然的赐予，其他一切都要通过劳动获得。这句话很值得中国父母借鉴。父母在孩子小时候让孩子吃

的苦少，一切事情都由父母代劳，孩子得到的知识和经验就少，也就是在应该学习生存本领的时候，父母不给他们学习的机会，不让他们学习。而任何父母都不能终生跟随孩子，一辈子都为孩子做一切事情，但是父母完全可以为孩子学会生存本领创造条件。孩子在学到生存本领后，会自己独立生活。因此，现在不让孩子吃苦，或者怕孩子吃苦的观点和做法，只会导致孩子将来多吃苦。

教育家苏霍姆林斯基曾说过："让孩子动手，亲自参加实践，吃点苦，受点累，不但可以探究知识奥秘，培养创造能力，而且有利于坚强意志和吃苦耐劳精神的形成。"父母要想方设法让孩子吃点苦、受点累，这样能培养孩子良好的性格特征，让孩子能够笑对生活。

杰奎琳的第一任丈夫是美国总统肯尼迪，第二任丈夫是希腊船王奥纳西斯。尽管杰奎琳名扬天下，家财万贯，但她仍不能容忍儿子约翰日后成为一个无所事事的花花公子，她决定要把儿子打造成为一个成功的人。

为此，在约翰11岁的时候，杰奎琳就把他送到了英国一个岛屿上的"勇敢者营地"去接受训练。在那里，约翰学会了爬山，还学会了驾驶独木舟和帆船，这些都锻炼他刚毅果断的独立人格。

在约翰13岁时，杰奎琳送他到美国东北部缅因州的一个孤岛上去学习独立生活的技能。这种技能训练非常艰苦，在20天的训练中，不给食物只给三四升水、两盒火柴和一本在野外如何谋生的书。训练过后，约翰的自立能力又提高了很大一截。两年后，当约翰15岁时，杰奎琳又送他到非洲肯尼亚的荒野里自求生存。

当约翰中学放暑假时，杰奎琳还把他送去参加"国家户外学校"为期70天的训练。随后，她又送约翰参加和平队赴危地马拉从事地震救灾工作，以此来更进一步强化约翰的独当一面的能力。

应该说，约翰自幼就是一个羞怯、自卑、依附性强、优柔寡断的孩子，但正是在他母亲杰奎琳的锤炼孩子独立人格的教育观念下，他成长为一位理智节制、积极向上、自信潇洒而又圆通练达的青年。

在布朗大学毕业后，约翰先在印度工作了一段时间。三年后，他入读纽约大学法学院。后来，约翰顺利成为曼哈顿一名律师，在打赢6场官司之后毅然辞职。1995年9月，约翰成功创办《乔治》杂志，任董事长。

事实证明，杰奎琳对孩子的吃苦教育方法是十分有效的。只要父母认识到应该怎样去爱孩子，就一定会想到许多办法对孩子进行吃苦教育。无论怎样，只要想让孩子有一个美好的未来，要想让他在社会立足，就要舍得让孩子吃苦。

让孩子吃点苦是对他的毅力和生活能力的一种磨炼，不能吃苦的孩子很难对现实有深刻的了解和理解。给孩子适当进行吃苦教育，是一种"大爱"的表现，是对孩子负责的表现，是有助于孩子成长的表现。

日本有一项经常性的比赛，内容是要求6岁的儿童自己去10公里外的一个亲戚家。母亲则化装成一个陌生人看着这个孩子如何找行人指路，如何干渴难耐，如何疲惫不堪。悄悄跟随的母亲每每心疼地流下泪来，但绝不会帮孩子一把。日本还提倡"穷留学之风"，让富裕的大城市学生，到偏远的山区、村寨接受艰苦的生活训练，其目的就是要培养孩子吃苦耐劳的精神和坚韧不拔的意志。这都是一些明智的做法，从孩子的成长规律看，儿童和少年时期是人生的基础阶段，父母有意识地创造一些条件，对孩子开展吃苦教育，非常重要，也非常有必要。因为人生道路是曲折的，每实现一个目标，都需要努力奋斗，要奋斗就需要有一种勇于吃苦的精神。

19世纪俄国著名作家屠格涅夫说："你想成为幸福的人吗？那么首先要学会吃苦。能吃苦的人，一切的不幸都可以忍受，天下没有跳不出的困境。"吃苦是一种能力，一种重要的生存能力。让男孩吃吃苦，是为他将来的人生旅途走得平稳顺畅做加油充气、储能蓄势的准备，以便男孩长大 踏入社会后，在风雨人生中，充分实现自身价值。吃苦能力越强，生存空间就越大，所以从小就得让男孩尝些"苦头"。

第二章
未来有多艰险，
男孩就要有多勇敢

强大的内心，要靠勇敢来支撑

当今社会处处充满了竞争，充满了风险，如果一个人想很好地立足于社会，就必须具备不怕困难、不怕挫折、不怕失败的勇敢精神。所以，作为父母，在重视男孩的智力开发和身心健康的同时，也应重视培养男孩的勇敢精神，给男孩一颗勇敢的心。

1996年，全国少工委、中国少年报报社和中国青少年研究中心少年儿童研究所联合调查组，对全国中小学生进行了大规模的问卷调查，在"你的主要缺点"一项调查中，16 350名小学生有31.2%的人选择了"胆小"这一缺点，百分比占据26项据点的第一位。5 560名中学生有28.2%的人选择了"胆小"这一缺点，百分比占据27项缺点的第三位。在"你的主要优点"一项调查中，"勇敢"这一优点排在26项优点的倒数第五位(中学生)和倒数第三位(小学生)。胆小，成了当代儿童突出的性格缺陷之一。

造成孩子缺乏勇敢精神的原因是多方面的，主要是环境与教育的影响。俗话说"初生牛犊不怕虎"，其实，孩子很小的时候是不知道害怕的，但是由于很多父母对子女过于关注，担心孩子受委屈、受伤害，当孩子面临小小的困难或考验时，马上就把孩子置于"保护伞"下，剥夺了孩子锻炼勇敢品质的机会。长此以往就形成孩子胆小怕事的个性，以致长大后都很难纠正。

一个星期天的早上，一个美国家庭决定全家去爬山。在爬一个小坡时，3岁的福特一步一回头，不停地看着爸爸，很想让爸爸把他抱上去。爸爸似乎有意要锻炼他一下，并不看他，只是不停地向上爬。

因为爸爸知道，虽然这是第一次爬坡，可小福特是可以爬上去的，这是锻炼孩子胆量与技巧的一个绝好机会。福特看爸爸并不来帮助自己，只得小心翼翼地往上爬，但还是不时地看着爸爸，不过，每次都看到爸爸鼓励的眼神。终于，小福特在没有别人帮助的情况下，自己爬到了山坡上。

"福特，你真勇敢。"

听着爸爸的表扬，小福特心里很高兴，小脸笑成了一朵花。

同样是带着孩子爬山，在面对孩子不想爬山的问题时，中国人和西方人的做法截然不同。

星期天，一个中国家庭的一家三口去爬山。山并不高，对于一个4岁的小孩子来说，是绝对可以爬上去的。一家三口开始爬山了，爸爸在前，4岁的儿子在中间，妈妈在最后。刚开始，儿子还很有兴趣，可爬着爬着就不想爬了，于是就喊爸爸抱他，说自己害怕。

爸爸本不想理他，可妈妈却非常担心，她怕儿子摔下来，又怕他磨破细嫩的小手。妈妈一会儿看看孩子，一会儿担心地嘱咐一声，一会儿又喊前面的爸爸慢些，儿子最终胆怯了，不肯再往上爬，后来还是由爸爸抱了上去。

男孩的勇敢精神，是从小被父母培养起来的。如果在男孩第一次面临小困难时，父母能够给予男孩鼓励，那么男孩就能够勇敢地走下去，而且将这次勇敢的成功作为下次勇敢的资本；如果父母这也怕那也怕，害怕自己的孩子磕着碰着，不论什么事情都不敢让男孩自己去尝试，那么男孩就不会有勇敢的资本，更不会有勇敢的精神。所以，如果父母爱自己的孩子，就不要过分限制他的活动，不要事事替他包办，更不要过分夸张地保护他，使他每天战战兢兢地生活在紧张的世界里。相反，父母要在孩子很小的时候，就给他一定的施展空间，让孩子尽情发挥自己的能力，自由自在地交友、娱乐，只有这样，才能在潜移默化中培养他勇敢的个性。

16世纪法国的著名作家蒙田说："在全部的美德之中，最强大、最慷慨、最自豪的，是真正的勇敢。"德国伟大作家和诗人歌德说："你若失去了财产，你只失去了一点；你若失去了荣誉，你就失去了许多；你若失掉了勇敢。你就会失去一切。"所以父母应意识到，勇敢的品质对孩子的成长非常重要，因此，要在教育中培养孩子勇敢的品质。

男孩的勇敢不是天生就有的，这离不开父母的培养。在生活中，只有大胆放手让孩子去做事，让孩子在生活中接受锻炼，才会使孩子变得勇敢，变得坚强，成为一个富有勇敢精神的人。

1. 给男孩独立面对困难的机会

生活中，父母不要对男孩过分呵护，要给他独立面对困难的机会，鼓励他自己去面对困难，使他感到自己有能力、有办法应付遇到的问题和困难，从而克服对父母的依赖心理，锻炼独立性和自信心。比如孩子不小心摔倒了，如果情况并不严重，父母就应鼓励孩子自己站起来。等孩子站起来后，再通过及时的夸奖来强化这种行为。这样，当孩子下次再摔倒时，他就会勇敢地自己站起来了。

美国总统约翰·肯尼迪的爸爸从小就注意对儿子独立性格和精神品质的培养。

有一次，爸爸赶着马车带小肯尼迪出去游玩。经过一个拐弯处，因为马车速度非常快，猛地把小肯尼迪甩了出去。当马车停住时，小肯尼迪以为爸爸会下来扶他一把，但爸爸却坐在车上悠闲地掏出烟吸起来。

小肯尼迪叫道："爸爸，快来扶我。"

"你摔疼了吗？"

"是的，我自己感觉已站不起来了。"小肯尼迪带着哭腔说。

"那也要坚持站起来，重新爬上马车。"

小肯尼迪挣扎着自己站了起来，摇摇晃晃地走近马车，艰难地爬了上去。

爸爸摇动着鞭子问："你知道为什么让你这么做吗？"

小肯尼迪摇了摇头。

爸爸接着说："人生就是这样，跌倒，爬起来，奔跑；再跌倒，再爬起来，再奔跑。在任何时候都要靠自己，没人会去扶你的。"

小肯尼迪听了，似懂非懂地点点头。

不过，从那以后，小肯尼迪对父母的依赖性明显少了很多。遇到事情，也不是总是光顾着哭鼻子，因为他知道没有人可以帮助自己，他必须想办法解决自己遇到的问题。

显然，肯尼迪总统的父亲并非不爱自己的孩子，事实上，正因为他深爱着自己的孩子，知道挫折是人生必经的坎儿，所以才不断地培养孩子坚强的意志，让孩子摔倒了自己勇敢地爬起来。

2.鼓励男孩多与社会打交道

鑫鑫已经11岁了，但胆子却特别小。每次有人来家里做客时，鑫鑫总会躲到自己的房间里。妈妈起初以为儿子只是性格内向，但后来发现，胆子小才是真正的原因。鑫鑫在学校里从不和同学们一起玩，更不敢与老师接触。有一次，老师叫鑫鑫站起来回答问题，他却吓得说不出话，还因此尿了裤子。

鑫鑫的妈妈犯愁了，儿子胆子这么小，以后如何能立足于社会呢？

为了避免上例中的事情发生，父母应该鼓励男孩多与人进行交往。首先，父母应设法使孩子敞开胸怀，使孩子在和别人交往时不再感到胆怯。父母可以在平时教给男孩一些技能，比如美术、绘画、音乐等，使他相信自己并不笨，并敢于参加小伙伴们的各种娱乐活动。其次，父母可以邀请一些跟自己的孩子一样性格的孩子们来家里，组织他们一起做集体活动。父母可在一旁引导或者干脆回避，让孩子们拥有一个自由自在、无拘无束的活动空间。最后，父母还要使孩子充分得到社交的锻炼，有意识地带他参加一些聚会，家中来客人时吩咐孩子出来接待，让他端茶倒水、迎客送客等，这样孩子的社会生活圈就扩大了，胆小的性格也会慢慢地得以改正。

有梦想不怕大，鼓励男孩追求自己的梦想

梦想是人生的一部分，有梦想的人生，才是完整的人生。当代著名物理学家史蒂芬·霍金曾说："如果一个人没有梦想，无异于死掉。"因为我有梦想，所以我活着！梦想具有神奇的能力。人一旦有了梦想，即使前方艰难险阻，也无法阻挡他前进的脚步。

英国教师布罗迪在乔迁新居时，找出了一沓练习册，那是他教过的孩子们的写的作文，名为《未来我是……》。

布罗迪顾不得整理东西就随手翻看了起来，很快便被孩子们的奇思妙想迷住了。比如，有个孩子说自己是未来的海军大臣，因为他在游泳时不小心喝了许多海水却没淹死。另一个说，他长大后肯定当上法国总统，因为他知道很多法国城市叫什么名字。最了不起的是一个叫戴维的小盲童，他竟异想天开地说自己将来肯定是英国的内阁大臣，理由是到目前为止还没有一个盲人进入英国内阁。总之，每个孩子都在习作中说出了自己的梦想。

布罗迪看着这些作文，突然决定他要把这些作文本重新发到学生们手中，让他们看看自己童年时的美好愿望是否实现了。

后来，布罗迪手里仅剩下一本作文本没人来领。也许这个孩子早就去世了。毕竟时间已经过去半个世纪了，这么漫长的时间里曾发生过多少意想不到的事啊。

当布罗迪决定把这个没人要的作文本送给一个收藏馆时，意外地收到了教育大臣的一封信，信中说："您还记得那个叫戴维的孩子吗？那就是我，万分感谢您还为我们保存着那份天真的梦想。我已经忘记那个本子了，因为它从那时起就一直在我脑子里成长，生根发芽开花结果。半个世纪过去了，我已经做到了我说过的。"

梦想是促使一个人成功的最佳动力，拥有梦想的人一定势不可当。正如美国第28任总统威尔逊所说："我们因梦想而伟大，所有的成功者都是大梦想家。在冬夜的火堆旁，在阴天的雨雾中，梦想着未来。有些人让梦想悄然绝灭，有些人则细心培育、维护，直到它安然度过困境，迎来光明和希望，而光明和希望总是降临在那些真心相信梦想一定会成真的人身上。"

梦想是一种追求，一种对未来生活的美好向往。正是基于这种追求和向往，人们才前赴后继，努力奋斗，并将梦想变成了现实。对男孩来说，梦想更是他们自信的体现，对他们的成长具有强大的牵引和激励作用。

鼓励男孩追求梦想，便会让他们产生强劲的内驱动力，当他们面对各种困难时就会产生更多的勇气和力量。梦想能使孩子在学习的过程中创造力迸发，并同时获得愉悦的成功体验。根据对爱因斯坦、达尔文、毕加索等人的研究，在他们的童年时期，几乎都追逐着一个绚丽多彩的梦想。在这种梦想的驱动下，他们坚定了自己的信念，充满了成功的力量，不断地向着那些儿时的梦想前进再前进，最后梦想成真。所以说，男孩如果没有梦想就等于没有未来，想获得成功的人生也将成为空谈。

美国有一个男孩，他的父亲是一位马术师，他从小就必须跟着父亲从一个马厩到另一个马厩，四处奔波。男孩的求学过程并不顺利，初中时，有一次老师叫全班同学写报告，题目是：《长大以后的志愿》。他洋洋洒洒写了7张纸，描述了他的伟大志愿，那就是想拥有一座属于自己的牧马农场，他并且仔细画了一张很大农场的设计图，上面标有马厩、跑道等位置，农场中央，还要建造一栋占地4000平方米的豪宅。第二天他将他的心血之作交给了老师，两天后他拿回了报告，报告第一页上打了一个又大又红的"F"（不合格），旁边写了一行字：下课后来见我。

头脑中充满幻想的男孩下课后带着报告去找老师，问："老师，为什么给我不合格？"

老师回答道："你年纪那么小，不要老做白日梦。你没有钱，没有家庭背景，什么都没有，建农场可是个花钱的大工程，你要花钱买地，花钱买纯种马，花钱照顾它们，你别太好高骛远了。"老师接着说："你如果肯重写一个比较不离谱的志愿，我会给你重新打分的。"

男孩回家反复思量了好几次，然后征询父亲的意见，父亲只是告诉他："儿子，这是非常重要的决定，你必须拿定主意。"

再三考虑以后，男孩决定原稿交回，一个字都不改，他告诉老师："即使拿大红'F'字，我也不愿意放弃梦想。"

后来这位男孩真的完完整整实现了自己的梦想，那位老师还曾经带着自己的学生来到农场露营，离开之前对这位已经长大的学生说："初中的时候，我曾经给你泼冷水，这些年来，我也对不少学生说过这样的话，幸亏你有这种毅力去追寻自己的梦想。"

几乎每个男孩都有自己的梦想，儿童心理学家认为，梦想是孩子自我形象的理想化。当他们谈到自己的梦想的时候，往往会神采飞扬，信心满满。只要是孩子的梦想，就一定是世界上最具有价值的珍宝，它将带领孩子充满憧憬地去面对学习中的任何一个困难。

国外有这样一句谚语："一个确定的理想是成功的一半。"孩子只要有了梦想，就会有一个奋斗的方向，就不会在成长中迷失自己。因此，父母要激励男孩，让他勇敢去追逐自己的梦想。

1.呵护好男孩的梦想

有人说，如果孩子都是落入凡间的天使，那么梦想就是天使的翅膀，总有一天能让他们自由地飞来飞去。这句话在告诉父母：梦想是孩子们成长的动力和方向，千万别嘲笑孩子的梦想，更不要打击孩子的梦想！需要给予的是更多的欣赏、倾听和理解，哪怕他们是在"做白日梦"，"异想天开"。

毛毛是小学二年级的学生，他喜欢运动，最崇拜的人是体育明星刘翔。

一次，毛毛在家里看电视，看到刘翔参加比赛的镜头。镜头中，刘翔以矫健的步伐奋力奔跑、跨栏，最后取得了冠军。毛毛兴奋地对妈妈说："刘翔哥哥真厉害。我以后也要成为像他那么厉害的人！我也要拿冠军！"

妈妈听了，不屑地说："你啊，别做梦了，还没你们班强强跑得快呢，还想得冠军？"

毛毛听了，低下了头。

就这样，一个孩子美好的梦想被妈妈扼杀了。

孩子喜欢幻想，也许孩子的许多幻想离现实太远，或者根本无法实现，但富于幻想是孩子最可贵的地方。当孩子宣布他想成为斗牛士或是特技演员时，父母不要说"孩子不能干那个"或"那是个危险的工作"，可能未来的斗牛士会因此而放弃自己的梦想。所以，父母不要轻易评价孩子的梦想，因为父母不经意间的一句话，可能就会扼杀掉他美好的梦想。此外，不管孩子的梦想对父母来说是多么稀奇古怪的，父母都不要嘲笑他，而应该鼓励和表扬他。

2.鼓励男孩不放弃梦想

每个孩子都有自己的梦想，但是实现梦想的道路是曲折的。父母要教育和鼓励孩子坚持梦想，不要轻易放弃梦想。

一个小男孩在帮妈妈打扫卫生时，说："妈妈，这种事情以后不要让我做了。我是要当作家的人，以后，我请个保姆，这些事情都不用自己做了！"

妈妈却说："当作家，就需要有生活体验。如果你连打扫卫生都不愿意，不想体验，你怎么可能写出读者认同的作品呢？所谓'一屋不扫，何以扫天下？'今天你不愿意体验打扫卫生，以后你更不愿意体验普通人的生活，这样，你的思想永远脱离普通人，写出来的东西恐怕只有你自己能看得懂了。"

"妈妈，你说得还真有点道理。"男孩若有所思。

"妈妈不是随口说说的，你可以去看看伟大作家的成长环境，他们都是从小就坚定自己的梦想，然后努力学习和工作，从生活中获取写作素材，灵感才会源源不断。孩子，妈妈希望你能够实现自己的梦想，但是，梦想需要一步一步去做才能实现，不是可以等来的。"

妈妈的话对男孩起了一定的作用，孩子拥有梦想后，就更容易接受生活中的磨难和挫折了。

父母要经常与孩子谈论自己的梦想，谈谈自己在实现梦想的过程中遇到的困难以及自己是如何去克服的。在这个过程中，父母可以把关于实现梦想的一些做法讲给孩子听。同时，讲讲伟人的故事以及身边人的故事，对孩子实现梦想也是非常有效的。

3.引领男孩实现梦想

父母是孩子的人生第一任导师，是呵护孩子梦想的第一责任人。父母需要做的是尊重孩子的梦想，引领孩子，发现孩子的优点和长处，激发孩子的兴趣，为孩子追逐梦想创造条件。

乔丹在很小的时候就有了自己的梦想，那就是成为一名篮球明星。当他把自己的这个梦想告诉母亲的时候，还只是一个身体瘦弱、个头不高的小学生，但是母亲并没有因为这些而认为他的梦想遥不可及，反而对他格外赞赏了一番，为他有了自己的梦想向他表示祝贺，同时还给了他积极的鼓励。母亲不仅是这样说的，而且也是这样做的。从那以后，只要一有时间，母亲便和小乔丹一起欣赏报纸杂志上篮球队员们驰骋球场、飞身灌篮的飒爽英姿和矫健身影；同时，母亲还建议乔丹把那些花花绿绿的图片剪下来，贴到房间的墙上去，便于他和偶像们朝夕相伴；节假日休息时，母亲还经常带他去体育馆观看篮球比赛。在母亲的大力支持和鼓励下，乔丹一直没有放弃自己的梦想。经过刻苦努力，乔丹终于成为美国职业篮球史上前无古人、后无来者的一代巨星。

梦想是一种可贵的心灵动力，它会最大限度地激发人的潜能，从而实现自己的目标。但是，实现梦想不可能一蹴而就，实现梦想之路充满艰辛，为了帮助孩子美梦成真，父母应该担任孩子成长的引路人，在孩子追梦的过程中，不失时机地帮助他们、督促他们、鼓励他们，当他们的知心朋友，和他们携手同行，让他们少走甚至不走弯路。比如，当孩子为实现梦想无从着手时，父母要帮助他们制订圆梦计划，给他们提供一些可行的建议和支持；当孩子在实现梦想的道路上遇到挫折时，父母要告诉他们学会坚强和忍耐，给他们以心灵的慰藉、温暖的鼓励和坚持的信心。

让男孩勇于尝试，即使失败也是好事

尝试，是人们走向成功的必经之路。没有尝试，就不能发现失败的根源，更不能找到成功的大门。尝试对于孩子的成长非常重要，可以让孩子接触到他以前不知道的东西，让他能够学会以前不懂的东西，从而增加他对新鲜事物的体验和认知，以便更好地融入社会。尝试还可以让孩子增加信心，更快地成功，甚至是转败为胜，正如英国著名剧作家莎士比亚曾说的："本来无望的事，大胆尝试，往往就能成功。"

事实上，在成长的道路上，孩子一定会尝试很多事情。在不断尝试中，他才会获得成功的欢乐和生活的体验。如果父母因为过于保护孩子，而剥夺了他尝试的权利，那么，孩子就永远无法取得进步，无法获得成功，他也会越来越没有自信。

在孩子想要尝试做某件事情的时候，父母首先要用赏识的眼光看待孩子，鼓励孩子尝试一下，父母可以说："你去试试吧，相信你能够做好的。"这样不断鼓励孩子去尝试，孩子才能在尝试的过程中获得成功的体验，树立信心。

索因卡是尼日利亚剧作家、诗人、小说家、评论家，也是第一个获得诺贝尔文学奖的非洲人。他出生于一个知识分子家庭，父亲是当地教会学校的校长，这使他从小就受到了西方和非洲传统文化的教育。

索因卡的父亲是个戏剧迷，一有空就会带着小索因卡去剧院观看戏剧，索因卡从小受父亲影响，也深爱戏剧。时间一长，剧团里的名角及所演的代表戏剧，小索因卡都如数家珍；甚至戏剧里的某一段台词，他都能背得滚瓜烂熟。

有一次，一个剧团正在进行演出，最先出场的是一个比索因卡大不了多少的小演员。这个小演员是一个名角，刚一出场就赢得了观众的掌声。但是，这次他没有很好发挥，他的嗓音沙哑，眼神呆滞，刚表演片刻就晕倒在地了。演员晕倒了，戏不能进行了，剧场里一片混乱，剧团的团长急得抓耳挠腮。

台下，小索因卡和父亲也在一起等候看戏。这时，周围认识他的人对他开玩笑说："索因卡，你去试试，一定行。"

小索因卡心中一动，他想：对啊，这个剧目自己早就熟悉了，台词也烂熟于心，何不去试试，肯定不会冷场。

渐渐地，周围的人不再是开玩笑，而是认真地提议让他去试试，小索因卡扭头看了看父亲，希望得到他的支持。父亲微笑着说："如果有把握，就去试试看，这是一个难得的机会。"

"爸爸，你难道不反对吗？"

"那是你自己的事情，你应该学会自己做主，自己拿决定。不管怎么样，试一试还是有好处的。"父亲对他说。

于是，台下便有人冲台上喊道："演员已经有了，请欢迎索因卡上台表演。" 就这样，小索因卡在父亲的鼓励和观众的簇拥下走上了舞台。

剧团团长看了看小索因卡，起初还有些犹豫，但是看到观众都极力推荐他，又实在找不到临时演员，也就答应让他试试。

尽管小索因卡开始时有些紧张，但当他熟悉了舞台后，便忘掉了周围的一切，全身心地投入到了剧情之中。他的动作由稚嫩变得娴熟，感情也越来越投入了，一下子征服了观众。

从那以后，小索因卡对戏剧的爱好更强烈了，知名度也越来越高，长大后最终成为一个杰出的戏剧作家。这一切与他父亲当时的支持和鼓励是分不开的。

孩子在成长的过程中，会经历许多人生的第一次，必然要尝试许多事情。只有放手让孩子大胆地不断尝试，他们才会获得生活的体验与成功的喜悦。如果父母出于保护孩子的目的而剥夺了孩子尝试的权利，那么，孩子就永远无法迈出第一步，更无法取得进步。

对于孩子来说，尝试和探索都是一种学习的机会，只有在不断的尝试和探索中，孩子才能不断地学习到为人处世的各种方法，增强孩子的自信，提高孩子的能力，促使他向更高的目标迈进！

1.为男孩提供尝试的机会

父母给男孩多多提供尝试机会是实施挫折教育的一个有机组成部分。原因很简单：孩子一旦被剥夺了尝试的机会，就等于被剥夺了犯错误和改正错误的机会，因此也就不可能迈向成功之路。

在很多时候，本来孩子是可以胜任的，但是父母经常地提心吊胆，怕孩子出差错，以致父母的情绪影响了孩子去尝试，孩子自己失去了认识自己能力和锻炼的机会。

父母不必事事包办，应该鼓励孩子去尝试他们从未接触过的事，许多事情孩子自己完全可以做得很好，应该放心让孩子自己去做，让孩子认识到自己能行，这才是最重要的。

2.引导男孩去尝试，而不是越俎代庖

一个外国孩子和一个中国孩子都在玩沙子，他们都有一个漏斗和一个小桶。两个孩子都想用漏斗把沙子装到桶里去，但是因为距离比较远，等孩子走到桶边时，沙子就快漏光了。

外国孩子在那儿不停地装，不停地漏，他的妈妈就站在旁边，并没有管他。孩子最后发现用手把漏斗的孔堵住就可以了，于是玩得津津有

味，一直乐此不疲地跑来跑去。而中国孩子也在那儿玩，他与那个外国孩子遇到了同样的难题，他的妈妈就看不过去了，说："这还不简单，孩子，告诉你吧，就这样！"这位妈妈用手把漏斗孔堵住了。然后，孩子玩了两下，便说："妈妈，咱们走吧，我想不玩了，真没劲！"

上例中的那位中国妈妈在引导孩子，但是她没有正确引导孩子，孩子也没有进行真正的尝试，没有快乐地体验到自己的聪明智慧的力量。可以说，那位中国妈妈剥夺了孩子尝试的权利，剥夺他成长过程中能够让他快乐的细节。实际上，妈妈的强行介入，让孩子有一种严重的挫败感。和成人的现成经验相比，孩子会认为自己是愚钝的，他会对自己的能力产生怀疑。这时候，他需要用更大的勇气去面对妈妈所谓的"引导"在他的心理上带来的划痕。

所以，在很多时候，父母试图把自己认为最行之有效的、现成的经验灌输给孩子，但是，对于孩子来讲，这是没有用处的，远远不如他自己尝试得来的经验更容易让他接受。父母应该明白，对于孩子来说，尝试是一种学习的机会，只有在不断的尝试中，孩子才能逐渐地学习到为人处事的各种方法，从而增强自信心，提高能力，促使他向更高的目标迈进！

3.鼓励男孩再试一次

在天天5岁生日的时候，妈妈送给他一盒积木做生日礼物。天天非常喜欢这盒积木，所以每天晚上都会拿出来玩，但是每次都是快把所有积木城堡盖完的时候，自己的"建筑"就轰然倒塌了，多次的失败让天天很有挫败感。这时，妈妈总是在一边温柔地说："没关系，再试一次，你就可能会成功的！"并且妈妈还会给天天提一些好的建议，例如先搭哪些积木更不容易倒。终于在妈妈的多次鼓励下，天天成功了。他为此非常自豪和得意，而且再玩的时候，自信心增强了很多，即使失败很多次，他也没有放弃。

再试一次，既是对男孩所做过的这一次的肯定，更是对男孩将要做的下一次的积极鼓励。这句话会使男孩对自己的下一步行动产生一种跃跃欲试的冲动，也会成为男孩继续努力的动力。

男孩在成长过程中，需要父母更多的一次次的鼓励，例如，孩子跌倒时，需要父母的"爬起来，再试一次"；孩子遇到挫折时，需要父母的"没关系，再试一次"……

敢于探索，鼓励男孩适当地去冒险

男孩活泼、好动，似乎总是喜欢做一些冒险的事。幼小的男孩爱冒险的行为可能是喜欢爬上爬下，对火、电等充满好奇心，喜欢和父母玩"躲猫猫"，甚至故意做一些危险的事情，以便引起父母的注意。而随着男孩年龄的增长，他们会爱上一切富有冒险性的事情，如滑板、滑翔、攀岩、飙车等。因此，有儿童心理专家说，任何一个男孩在小时候都或多或少地受过外伤，男孩没受过伤而长大成人，只能是奇迹。

勇敢与冒险是紧密相连的，适度的冒险是培养孩子勇敢品质的重要方法。然而，对孩子的冒险行为，大多数父母都是阻止的，但聪明的父母却相反。他们认为，在孩子小的时候应该鼓励他们去冒险，这样有利于孩子的成长。如果孩子通过冒险而取得成功，这会使孩子对自己的能力产生自信；如果失败了，孩子还能从中学会如何面对失败，应对挫折。需要指出的是，这里所讲的冒险是指冒"合理的风险"，而不是一种毫无顾忌的冒险。

有些父母因为怕出危险，往往忽视了对孩子冒险精神的培养，这样会让孩子滋生依赖性强、意志薄弱、责任感差等缺点，不利于孩子的成长。因此，当孩子对冒险性的活动产生兴趣时，父母千万不要毫无理由地拒绝孩子，这会扼杀孩子可贵的冒险精神，使孩子变得胆小怯懦。

许多男孩常常爬树或者爬到很高的地方，他们喜欢那种从高处向下看的成就感，因为有飞翔的感觉，可是很多父母每天为此提心吊胆、担惊受怕。为此有的父母对孩子的行为大加训斥，有的干脆强行把孩子从高处抱下来。孩子之所以想往高处爬，一定是对周围的事物产生了浓厚的兴趣，想去了解它们、认知它们，这是一种好现象。

不能因为危险，就禁止孩子冒险。否则孩子将什么也不会做。正是由于这种热衷探索的好奇心和冒险行为，锻炼了孩子的勇气，令他们眼界开阔，获得知识，增长才干。同时冒险有助于建立自信心，因为勇于尝试自己最害怕的事情，一旦有了一次成功的记录后，孩子的成就感和自信心定会猛增。为什么不放手让男孩去冒险呢？当然放手的前提是，父母要保证孩子的人身安全，不能因为让他冒险而伤害自己和他人。

因此，父母不要轻率地否认孩子冒险的举动，说些"你做这些还早呢"，"那可不行啊！太危险"，"太吓人，可不能干啊"之类的话，父母这样做会阻碍孩子成长，会挫伤他们的自信心。

1.理解男孩的冒险行为

很多父母传统上一直要求孩子要静，总是想办法约束孩子的行为。其实，父母应该明白，爱动、好冒险是男孩的天性，他们需要自由的行动和广阔的空间，他们依靠运动和攀爬来提高身体的协调性和促使大脑健康发育。因此，当男孩又在爬高时，家长不要束缚他，而是要在不干涉他的前提下尽量保护他的安全，并且相信他的能力。

成长中的男孩往往好奇心很强，尤其是男孩又有很强的冒险心理，也许有时候他的很多冒险行动并没有取得想要的结果，但他还是会在父母不注意的时候再次进行他的冒险试验。因此，为了防止这种事情发生，父母必须想办法满足男孩的好奇心，并且站在理解和支持他的角度，让他在满足好奇心之后变得更加谨慎和有所获益。

2.教男孩合理冒险，做出风险评估

有个孩子想爬一棵很高的树，他去征求父亲的意见，父亲问道："你怎么上去？"

孩子指着树说："先爬上这个树枝，再爬上那个树枝。"

"这样的话你会被卡在那里上下不能，不是吗？"父亲反问道。

孩子认为爸爸说得很有道理。他知道只有在找出爬上树的路径后，爸爸才会同意他爬树。经过反复观看，孩子终于找出了一个路径并指给爸爸看。爸爸鼓励他说："现在你知道如何下手了，去吧！注意安全。"

在冒险之前，孩子必须学会先做好各种考虑。只有他们事先考虑好了各种情况，实施起来才不会半途而废。而对于比较鲁莽的孩子，如果能通过对话帮助他们学会对所冒的风险做出考虑，而后再让他们去冒险，就能使他们从中受益。如果冒险会带来危险，父母应当坚决反对他们去冒险。但在这种危险可以控制的时候，可以教导孩子在决定做某事之前，先考虑其中涉及的危险。一旦养成了事先思考的习惯，孩子就会自己去区别鲁莽的冒险与合理的冒险。

勇敢不只是冒险，还要勇于承担责任

有这样一个小故事：

在一个雪天的傍晚，中士杰克匆忙地走在回家的路上。路过公园时，他被一个人拦住了。"先生，打扰一下，请问您是一位军人吗？"这个人看起来很着急。"是的，我是，能为您做些什么吗？"杰克急忙回答道。"是这样的，我刚才经过公园门口时，看到一个孩子在哭，我问他为什么不回家，他说他是士兵，在站岗，没有接到命令他不能离开这里。谁知和他一起玩儿的那些孩子都不见了，估计回家了。"这个人说，"我劝这个孩子回家，可是他不走，他说站岗是他的责任，他必须接到命令才能离开。看来只能请您帮忙了。"

杰克心里一震，说："好的，我马上就过去。"

杰克来到公园门口，看见小男孩在哭泣。杰克走了过去，敬了一个军礼，然后说：

"下士先生，我是杰克中士，你站在这里干什么？"

"报告中士，我在站岗。"小男孩停止了哭泣，回答说。

"雪下得这么大，天又这么黑，公园门也要关了，你为什么不回家？"杰克问。

"报告中士先生，这是我的责任，我不能离开这里，因为我还没有接到命令。"小男孩回答。

"那好，我是中士，我命令你现在就回家。"

"是，中士先生。"小男孩高兴极了，还向杰克回敬了一个不太标准的军礼。

小男孩的举动深深地打动了杰克，他的倔强和坚持看起来似乎有些幼稚，但这个孩子所体现的责任心和守信却是很多成年人都无法做到的。

责任心是一个人立足社会、获得事业成功至关重要的人格品质。现在许多父母过于注重孩子的智力和身体的发展，对孩子的责任心的培养却不大重视，这对孩子的成长成才都很不利。

责任心是孩子健全人格的基础，是能力发展的催化剂。只有具备一定的责任感，人才能自觉、勤奋地学习和工作，做各种有益的事情，掌握各种技能。男孩必须从小培养责任感，以便长大后能适应社会，能照顾家庭，完成本职工作，尽自己的义务，从而成为优秀人才。在大力提倡素质教育的今天，父母应用自己的爱心、耐心和智慧去培养孩子的责任心。

1920年，有一位11岁的美国男孩在踢足球时不小心踢碎了邻居家的玻璃，人家索赔12.5美元。闯了大祸的男孩向父亲认错后，父亲让他对自己的过失负责。他为难地说："我没钱赔人家。"父亲说："我先借给你，一年后还我。"从此，这位男孩每逢周末、假日便外出辛勤打工，经过半年的努力，他终于挣足了12.5美元还给了父亲。这个男孩就是后来成为美国总统的里根。他在回忆这件事时说："通过自己的劳动来承担过失，使我懂得了什么叫责任。"

培养孩子的责任心，也就是应当要求孩子勇于对自己的言行负责。不论孩子有什么样的过失，只要他具备承担责任的能力，就要勇敢面对，不能让他逃避和推卸责任，更不能由父母越俎代庖。

美国品德教育联合会主席麦克唐纳曾说："能力不足，责任可补；责任不够，能力无法补；能力有限，责任无限。"对孩子进行责任意识和责任感的教育就是让孩子学会对自己负责，对他人负责，从而对社会负责。责任心是促使孩子向上奋进的内部动力，是孩子赢得成功的催化剂，培养孩子的责任心是孩子成长的必修课。

培养孩子的责任心不是一朝一夕的事，是一个漫长而反复的过程。父母必须高度重视，对孩子从小做起，从小事做起，让孩子在有责任感的氛围下快乐成长，在潜移默化中得到责任心的培养，养成良好的责任意识，从而培养孩子健康的人格。

1.父母言传身教

帮助孩子树立责任感的最好方法，就是父母用自己的行动为孩子树立榜样。

有一天晚饭后，父亲带着儿子去公园散步，忽然发现前面的地上有一个被丢弃的饮料瓶，强烈的责任心使父亲不由自主地捡起来，然后扔进了附近的一个垃圾箱里。儿子问父亲为什么要这样做，父亲说，良好的环境需要大家共同来维护，我们每个人都有责任这么做。听了父亲的话，儿子略有所悟。以后，每当在公共场所见到别人丢弃的废纸或饮料瓶，他都会主动捡起来，扔进垃圾箱内。

可见，父母自身对家庭、对社会的责任心如何，对孩子来说是一面镜子，父母的责任心水平可以折射出孩子的责任心。对家庭、社会毫无责任感的父母，不可能培养出有责任心的孩子。父母在生活中所表现的责任感的强弱，是孩子最先获得的责任感体验。所以说，父母只有在生活中严于律己，给孩子做好表率，才能更好地去影响和教育孩子。

2.让男孩承担不负责任的后果

只有让男孩懂得自己的行为将会产生什么后果，他才会对自己的行为去负责任。在现实生活中，父母要试着把孩子生活中的每一项责任都放到他自己的身上，让孩子自己承担。

一天，8岁的儿子因为粗心大意而把作业本忘在了家里。当他来到学校交作业的时候，才发现忘记带作业本了。于是，他急忙跑到公共电话亭，给爸爸打电话，向他求助。

儿子央求道："爸爸，我忘记带作业本了，就在我书桌上放着呢，您能不能给我送来呢？"

爸爸说："这是你自己的事情，你要自己负责啊！"

"但是，如果我回家拿肯定会迟到的。"

"我已经说了，你应该自己负责。好了，爸爸挂电话了。"说完，爸爸就把电话挂掉了。

自然地，儿子受到了老师的批评。

当儿子放学回到家之后，爸爸见他垂头丧气，便问道："今天有没有被老师批评？"

儿子点点头。

爸爸说："爸爸教给你一个好方法，保证你以后不会出现这种事情。"

儿子一下子来了精神，急切地问道："什么好方法？"

"每天睡觉之前，你就拿着联络簿把第二天要用的课本、作业本放进书包，然后再检查一下有没有漏掉的东西。"

"这倒是个好方法，我要试一试。"

从此之后，儿子每天都会按照爸爸的方法检查是否带齐了学习用的东西。果然，他再也没有忘记带东西。

从这次"自然惩罚"的经历中，男孩会明白，如果自己忘记带作业本，所付出的代价就是被老师批评。这会给他留下深刻的印象，并时刻提醒他不再犯类似的错误。这正如人们常说的"吃一堑，长一智"。

孩子处于成长之中，对一些事情往往没有责任感，因为许多时候他们不知道责任是什么，所以为了培养孩子的责任心，父母可以适当地让孩子品尝一下办事情不负责任的后果，教孩子如何去面对并接受这次失败的教训，从中获得成长。

3.让男孩对自己的行为负责

自己的行为就要自己负责。这个观念的树立，对成长中的男孩有重要影响。

一位父亲谈到了这样的育子经验：

上周，我6岁的儿子向朋友借了一个变形金刚来玩。那个变形金刚本来就快坏了，我儿子玩的时候又非常用力，很快就让它缺胳膊断腿，成了一堆废塑料。我对儿子说："你把朋友的玩具玩坏了，爸爸给你钱，你再给朋友买个新的吧。"儿子买来了一个新的变形金刚，但是我发现他一直自己玩，好几天也没有给朋友送过去。我问儿子："你怎么不把玩具给朋友送过去呢？"儿子说："他那个变形金刚早就坏了，又不全是让我一个人玩坏的。"我听出了儿子的意思，他是不想把新玩具给朋友。我对儿子说："虽然那个变形金刚已经快坏了，但是它毕竟是你玩坏的，你就应该给朋友买个新的。你想一下，如果你把朋友的玩具玩坏了就算了，朋友还愿意和你一起玩吗？他还会把玩具借给你吗？"儿子想了一会儿，虽然仍有些不愿意，但还是将那个新玩具送去朋友家了。

培养孩子的责任感，就要让他们对自己的行为负责，尤其是对自己犯下的过错负责。孩子只有学会了对自己的行为负责，才能逐步地发展为对家庭、对他人、对集体、对社会负责。

第三章
磨炼意志，
让男孩学会正确对待挫折

年轻没有失败，鼓励男孩勇敢地接受失败

每个人在一生中都有一门重要的学问要学，那就是怎么去面对失败，处理得好坏往往就决定了一生的命运。失败并不重要，重要的是如何面对失败。失败者与成功者的区别不是在于他们失败的次数多寡，而是在他们失败后有什么不同的态度和作为。

有一位知名的作家说："失败应成为我们的老师，而不是掘墓人；失败是暂时耽误，而不是一败涂地；失败是暂时走了弯路，而不是走进死胡同。"如果男孩能这样看待失败，就能轻装前进，最终战胜失败，获得成功。

20世纪60年代，日本一家株式会社的社长到美国去做商业考察，发现美国的"超级市场"很兴旺，其集生活日用品于一处，任人选购的销售方式与销售业绩，使他产生"日本开这种超级市场也一定大有发展前途"的新构想。于是，回国后立即付诸行动，在他经营信用卡的公司六七楼开办了"生活日用品超级市场"，并启动他的全部经营手段经营。然而开办一年多后，不但没有赚到钱，反而亏了大本，亏损3000万日元。

面对这次失败，社长没有怨天尤人，而是进行了认真的反思，从而找出了失败的症结。他发现，开拓新领域必须要谨慎。第一，要懂行。原来他们对经营生活日用品不懂行，又经营信用卡业务，因此就吃了大亏。第二，"追二兔者不得一兔"。在他们经营生活日用品时，分出了40名年轻力壮的管理人才，使他们原来生意兴旺的信用卡业务受到损失，结果两种经营都没搞好。第三，要选择好经营地点和需求。他的超级市场卖生活日用品，开在六七楼，又没电梯。许多人不愿意为了买

一两种蔬菜、鱼肉或日用品而上楼。第四，当发现有问题时，应当立刻"刹车"。他们在六七楼经营三个月没有生意，明知是错的决策，社长为面子还独断专行，又在平地另开了两个生活日用品超级市场，结果花费越来越大，生意也不好，亏损增大。经过这一番深刻的检讨与反思，他们调整了经营部署，果断退出了他们不熟悉的生活日用品经营，继续拓展信用卡业务，最终成为日本一家规模庞大的企业。

失败是任何人都不愿意看到的事情，但是，在很多时候，这也是难以避免的事情。出现失败后怎么办？如果人们因此灰心丧气，悲观失望，则只能坐以待毙，一事无成；如果人们能从失败中汲取教训，总结经验，这条路不行走那条路，这种方法不行用那种方法，你就一定能够走出失败的阴影，迈向成功的目标。

人的一生总会遇到挫折和失败，同样，在孩子的成长过程中，也难免会遇到失败。让孩子从小就有面对失败的勇气，长大以后，面对各种各样的困难和挫折，他才不会手足无措，才能够从容应付。

就读于某中学初三的高铭，过去是个开朗热情、学习优秀的"三好学生"。上小学的时候，高铭在班上的成绩一直名列前五名，班上和学校的活动更是少不了他，他表演的节目在学校里都是"压轴戏"。可是，就在两年前的一个小小失败面前，他变得消沉了。

那是他上初一的上半年，全区中学举办了一次知识竞赛，高铭作为全校的三名选手之一，参加了最后的决赛，但在最后一轮决赛时，他答错了一道题。他答完之后，看到了台下同学们失望的目光，正是这些目光把他拖入了挫折的泥潭。后来，同学们都忘记了这场比赛，他还是陷在其中无法走出来，每当大家无意间提到那场比赛，他都会陷入深深的自责之中。渐渐地，他远离了同学们，把自己封闭起来。当他的父母发现他精神恍惚，带着他去看心理医生时，被告之他患有轻度抑郁症。

现代儿童教育家陈鹤琴曾说过："不要担心孩子的失败，应该担心的是，孩子为了怕失败而不敢做任何事。"孩子在人生历程中遭遇失败，出现挫折是正常的，如果连一点点小小的失败都承受不了，是无法适应这个社会的。因此，从小培养孩子的心理承受能力，对孩子进行适当的挫折教育是十分必要的。让孩子了解失败，可以让孩子学会平和地处理失败的心情，加强承受挫折的能力，将来长大后，心理就会比较成熟，在面对失败时，会用更从容的心态，准备下一次的挑战，敢于做，才有可能成功。

世上没有常胜将军，孩子更不可能只胜不败。挫折和失败往往是极好的老师。父母一定要给孩子上好"善待失败"这一课，使孩子善于从失败中找到开启成功之门的钥匙，从而帮助孩子从幼稚走向成熟。

1.引导男孩走出失败的阴影

学校即将举行儿童节演讲比赛，林林第一个报了名。报名后，林林在家进行了全面的备战，但比赛那天，却发生了一个小小的意外。当轮到林林上台演讲时，因为走得过急摔了一跤，结果影响了他后来的发挥。这次比赛，林林没有取得名次。回家后，林林将比赛的事说给爸爸听，爸爸给他讲起了刘邦与项羽的故事。屡战屡败的刘邦越败越勇，后来终于在垓下一战，打败了实力强大的项羽。听完故事，林林擦干眼泪，咬着嘴唇说："爸爸，您放心吧，这次失利打不垮我，您看我下次的表现吧！"

数月之后，在迎国庆演讲比赛中，林林捧回了全校第一名的奖杯！

正所谓"失败是成功之母"，当孩子面对失败时，父母可以通过给孩子讲英雄人物成功前的挫折或父母小时候遇挫折的故事，让孩子懂得生活中随时可能会遇到挫折，只有勇敢地去克服困难，本领才会越来越大。父母也可以找一些适合的电影陪着孩子看。剧中主角曾经遭受伤害(背叛、排挤、误解)但是，最后总能闯过难关。这些影片可以帮助孩子在以后碰到同样困难时，有信心去面对以及学会寻找解决困难的方法。

2.帮男孩建立战胜困难的信心

当孩子遇到挫折失败时，父母应当及时去关心和鼓励孩子，给孩子安慰、鼓励和必要的帮助，使孩子不会感到孤独无助，让孩子以乐观的情绪，坚强地去面对和挑战挫折，不用消极的态度去看待问题。当孩子不能面对挫折时，父母应该以乐观的情绪去感染孩子，帮助他们建立起战胜困难的信心。

福井谦一是日本理论化学家，美国科学院外籍院士，欧洲艺术科学文学学院院士，日本政府文化勋章获得者。福井谦一由于在1951年提出直观化的前线轨道理论而获得1981年诺贝尔化学奖，他是第一位获得诺贝尔化学奖的日籍科学家。

1918年10月4日，福井谦一出生于日本奈良县井户野町的一个职员家庭，他的父亲毕业于东京商科大学，供职于一家英国公司。家境富裕的福井谦一自幼便受到良好的教育，不仅学习过《论语》等传统典籍，同时也受到欧美文化和先进科学技术的熏陶。

然而，福井谦一最初的学习成绩并不是十分理想，上学时化学测验总是不及格。一次，他的化学考试又不及格了。他拿着不及格的试卷，在路上漫无目的地闲逛。他不想回家，因为他不忍心看到父亲失望的表情，但是事情总是要面对的，于是，他硬着头皮走进自己的家门，一头碰上了父亲。

"爸爸，我这次化学考试又没有及格！"福井谦一低着头，小声地说。那声音小到连他自己都听不见。

"哦，是这样吗？"父亲却听得很清楚，"让我来看看试卷。"

父亲在接过儿子手中的试卷时，脸上掠过了一丝失望，因为他儿子的化学成绩从来都没有及格过，这次更是破了不及格的最新纪录。

但是，当父亲看到福井谦一难过的表情时，微笑着说："哦，一次小的测验而已嘛！不及格并不能代表什么，你是个聪明的孩子，只要肯努力，总会有及格的时候。"

"爸爸，我看我还是不上学了，我不是读书的料，将来还是会让您失望的。"福井谦一哭着说。

父亲一愣，他摸了摸儿子的脑袋，鼓励说："不要遇到困难就退缩，要保持一颗积极向上的心，坦然面对考试的失败，凭借自身拥有的力量，挑战生活，这样，任何困难和艰险都不会阻止你迈向成功的脚步。"

在父亲的鼓励下，福井谦一制订了学习计划，从头补起，从不及格到及格，成绩扶摇直上。随后，他考上了京都大学工业化学系，毕业后一直从事对化学的研究工作，并于1981年获得了诺贝尔化学奖。

当孩子面对失败或有过错时，其内心肯定会出现自责和冲突。针对这种情况，父母要抓住时机对孩子进行正面教育，以引起孩子情感上的重视。例如，当孩子没有取得理想成绩时，父母要立刻给他们去鼓励的话语，让孩子增强战胜困难的勇气，要从小培养孩子铭记别说"我不能"，面对困难要积极地想办法解决。只有让孩子乐观积极地对待生活，面对失败，不逃避，增强自信心，积极地面对困难，才能争取学习上的胜利。正面教育是孩子比较容易接受的一种方式，当然，父母在教育孩子时要注意感情的沟通，千万不能讲大道理、空洞说教，引起孩子的反感。

3.让男孩从挫折中吸取教训、总结经验

俗话说"吃一堑长一智"，既然失败是人生不可避免的，那么我们就要引导男孩积极应对失败，在挫折和困难面前剖析问题，查找事情发生的原因，借助自己的能力或者外在条件去寻求对策、解决问题，并从中总结经验教训，最后转化为宝贵的财富。

有一位父亲的教育经验是这样的：

李奇今年10岁，是一个个性很强的男孩，平时在班里的表现一直不错，而且是个体育爱好者。六一儿童节的时候，学校准备办一场运动会，李奇兴致勃勃地报了名，课余时间积极练习，但是在班级选拔的时候，兴致很高的李奇在最喜欢的长跑中落选了。回家后，李奇非常失

落，也不去吃晚饭，一个人在房间里生闷气。爸爸发现不对劲后，通过仔细询问，知道了儿子落选的事情。他认真地和儿子分析了落选的原因，例如兴趣很大但实力欠缺，等等。在接下来的时间里，爸爸除了让李奇继续保持对长跑的兴趣外，又协助他制订了一个适合他的长跑计划。一段时间之后，李奇不但通过长跑增强了自己的耐力和体力，整个人也变得更自信、更有活力了。

经历狂风暴雨后依旧昂然屹立的树木才有可能成为栋梁，经历挫折洗礼后的男孩，如果能够汲取教训、总结经验，就一定会更勇敢地面对下一次挫折和挑战，才有机会获得成功。

让男孩把挫折看作成长的机遇

所谓挫折，是指人们为满足自己的某种需要，在追求达到特定目标的活动中，遇到了无法克服或自以为无法克服的障碍和干扰，使其需要不能获得满足时所产生的紧张状态和消极的情绪反应。

人生在世，谁都会遇到挫折和失败。对男孩来说，由于他们的生理、心理都未发育成熟，所以更容易受到各种挫折的打击。即使在成人看来很微小的一次失败，对于孩子来讲，可能是一次不小的打击，会使他们不知所措、失望退缩，丧失热情和信心，甚至出现逃学、离家出走、自杀或精神疾患。

几乎每一个孩子在生活中都会产生挫折感，只是程度不同、结果不同罢了。其中，比较常见的挫折，如学业失败、师生关系紧张、同伴关系恶化、班级地位偏低、个人形象受损，等等。

有这样两位中学生，一位是初三即将毕业，这位同学在校模拟考中因没有复习充分，拿出事先准备好的答案抄袭，当场被发现。为了严肃校纪，学校给予纪律处分。该同学一下子就觉得自己完了，毕业无望，此后的几个月再也提不起精神复习迎考。另外一位同学正在上初中二年级，平时表现和学习成绩都不错。但该同学的父母突然离婚，他的精神一下子遭受到沉重的打击。他无法接受这一现实，竟然选择离家出走。

两位中学生因故出现上述结果的原因可能有很多，但其中很重要的一个原因就是缺乏承受挫折的能力。因为现在的孩子都是独生子女，父母把所有的希望都寄托在孩子身上。这种希望导致的结果是：父母总是过分周到地为孩子着想，竭尽全力呵护孩子，几乎包办了生活中本该由孩子自己做的所有的事情。于是，负面作用就显现出来了，孩子就像温室里的花草，一旦遇到困难和挫折时，就不懂得应对，而是产生否定自我、否定他人、否定社会的消极情绪。

著名心理学家马斯洛说："挫折对于孩子来说未必是坏事，关键在于他对待挫折的态度。"其实，苦难和挫折本身并不能造就一个人，能够造就人的是他在挫折中找到的铸就的精神和学得的方法。

抵抗挫折是孩子的必修课，没有经历过挫折的孩子长大后将因不适应激烈的竞争和复杂多变的社会而倍感痛苦。美国的一位儿童心理学专家说："有十分幸福童年的人常有不幸的成年。"挫折教育其实就是使孩子不仅能从外界给予中得到快乐，而且能从内心激发出一种自寻快乐的本能。这样在挫折面前才能泰然自若，保持乐观。因此，帮助孩子学会克服困难，正确面对失败和挫折就显得十分迫切和重要。

一位父亲很为他的孩子担忧。因为他的孩子已经十五六岁了，却依然娇嫩柔弱，稍微遇到点困难就哭。于是他带着孩子去拜访一位禅师，想请这位禅师训练自己的孩子。禅师说："你把孩子留在我这里，三个月以后，我一定把你的孩子训练成真正的男人。"父亲同意了。三个月后，父亲来接孩子。禅师安排孩子和一个空手道教练进行了一场比赛，以展示这三个月的训练成果。

教练一出手，孩子便应声倒地。他随即站起来继续迎接挑战，但马上又被打倒在地，他又站起来……

这样来来回回一共七八次。

禅师问这位父亲："你觉得你孩子表现怎样？"

父亲说："我羞愧死了！我想不到我送他来这里受训三个月，结果却仍然这么不经打，被人一打就倒。"

禅师说："我很遗憾你只能看到这表面的胜负。你没有看到你儿子那种倒下去又立刻站起来的勇气和毅力。而这才是真正的男子汉气概啊！"

面对失败和挫折，永不服输，永不言弃，跌倒了重新爬起来，这就是抗挫折的能力！

适度的挫折对男孩来说是一种挑战和考验，可以帮孩子驱走惰性，促其奋进。法国著名教育家卢梭曾在《爱弥儿》中这样写道："人们只想到怎样保护他们的孩子，这是不够的。应该教他成人后怎样保护自己，教他怎样忍受得住命运的打击，教他不要过于在意豪华和贫困，教他在冰岛的冰天雪地或者马耳他岛的灼热岩石上也能够生活。你劳心费力地想使他不致死去，那是枉然，他终究是要死的……所以问题不在于防他死去，而在于教他如何生活。"没错，既然挫折是男孩生活中不可或缺的"必修课"，父母为什么不抓住这个教育机会，让他在挫折中汲取教训，然后武装自己以迎接未知的挑战呢？

1.给男孩创设受挫机会

许多人认为，对孩子进行挫折教育，也就是给孩子吃点苦头，其实不然。真正的挫折教育，是在正确的教育思想指导下，根据孩子身心发展和教育的需要，创造或利用某种情境，提出某种难题，让孩子通过动脑动手，来解决矛盾，从而使孩子逐步形成对困难的承受能力和对环境的适应能力，培养出一种迎困难而上的坚强意志。

每一个孩子都具备独立抗击生活暴风雨的能力，关键在于父母是否给他创造了合适的机会。德国著名教育专家舒马赫曾说："给孩子多多提供尝试机会也是实施挫折教育的一个有机组成部分。原因很简单，孩子一旦被剥夺了尝试的机会，也就等于被剥夺了犯错误和改正错误的机会，因此也不可能迈向成功之路。"为了增强孩子的耐挫力，父母不妨有意识地给孩子创造一些适度的挫折，挫折教育对增强孩子心理承受能力大有好处。

2.采用不同的方式指导男孩

杰克·韦尔奇是当今世界的一位誉满全球的商业巨子。在畅销书《杰克·韦尔奇自传》中，他深情地回忆起自己在中学时代，母亲曾给他上的一堂终生难忘的课：

那是一个糟糕的赛季的最后一场冰球比赛，当时我在塞勒姆高中读最后一年。我们分别击败3个球队，赢了头三场比赛，但在其后的六场比赛中，我们全都输掉了，而且其中五场都是一球之差。所以在最后一场比赛中，我们极度地渴求胜利。

那确实是一场十分精彩的比赛，双方达到2：2后进入加时赛，但是很快，对方进了一球——我们又输了！这已是连续第七场失利，我沮丧之极，愤怒地将球棍摔向场地对面，随后自己头也不回地冲进了休息室。这时，我那爱尔兰裔的母亲大步走过来，一把揪住了我的衣领。

"你这个窝囊废！"她冲着我大声吼道，"如果你不知道失败是什么，你就永远不会知道怎样才能获得成功。如果你承受不了这点打击，你就最好不要来参加比赛！"

我遭到了羞辱，在我的朋友们面前，但上面的这番话，我从此就再也没有忘记。我知道，是母亲的热情、活力和她的爱，使得她闯进休息室。她是我一生中对我影响最大的人，她不但教会了我竞争的价值与意义，还教会我如何迎接胜利的喜悦和接受前进中必要的失败。

杰克·韦尔奇的母亲用自己独特的方式敲醒了他。当然这种火暴脾气不一定适合每个孩子，但它确实提醒了父母在孩子成长的过程中，失败是难免的。

心理学家认为，挫折教育要根据孩子的性格特点，采取不同的方式进行。性格外向型的孩子心胸宽广，凡事想得开，以直言不讳的批评、直截了当的惩罚，才能取得效果；而内向型性格的孩子一般都脸皮薄，又敏感脆弱，承受能力较差，只要旁敲侧击地委婉提出，就能引起他的高度警觉。另外，在孩子与挫折的抗争中，有胜利时的喜悦，也有失败时的伤心。父母要在孩子胜利时给予积极的肯定和赞美，也要在孩子失败时给予鼓励，给孩子增加意志力和自信心。

总之，父母应该培养孩子承受挫折的能力，给孩子不断尝试的机会，这样孩子就会不断地产生信心、增强勇气。

给自己加油打气——教男孩学会自我激励

在生活中，谁都需要受到别人的鼓励，更要学会自己鼓励自己，也就是进行自我激励。自我激励是人生中一笔弥足珍贵的财富，在人生前进中能产生无穷的动力。

所谓自我激励，就是通过激发人的行为动机的心理，使人处于一种兴奋状态。这是一种积极的自我心理暗示，常能使处于不利地位的人打消自卑感，增强自信心和进取心。

1972年，在墨西哥城奥运会马拉松比赛中，出现了一个感人的场面：一位黑人选手在左膝盖受伤的情况下，凭着坚强的意志力跑完了全程。当他到达终点时，比赛的名次早已排满了记录板。事实上，对他来说，他跑不跑到终点，都已经没有名次了。但是，他还是坚持跑完全程。当他跑到终点的时候，一位记者问他："什么力量让你坚持一定要跑到终点？"他回答："我只是不断告诉自己，一定要跑完！"

这种自我激励的精神让他赢得了全场最热烈的掌声。

自我激励，是一个人获得进取人生的内在动因。人的一切行为都是受到激励而产生的，通过不断地自我激励，就会使人有一股内在的动力，朝向所期望目标前进，最终达到成功。

学会自我激励，是一个人成功的必备素质。美国哈佛大学教授威廉·詹姆斯发现，一个没有受过激励的人，仅能发挥其能力的20%～30%，而当他受到自我激励时，其能力可发挥至80%～90%，即一个人在通过充分的激励后，所发挥的作用相当于激励前的3至4倍。因此，只有学会了自我激励，才能不断地战胜自我，真正成为自己命运的主人。

郑凯在第一次高考模拟考试中考得很不理想，心里很不好受。考完试，郑凯就哭了。回到家后，他脸上依然挂着泪水，神情黯然。这时，妈妈对郑凯说："没事，你考得不错。现在这个成绩上大专够了，至少能上线。现在离高考还有两个月，只要你努力，是有可能创造奇迹的。"然后，妈妈让郑凯做了一件自我激励的事情。她从复旦大学的一本《报考手册》上看到这样几句话："相信自己！相信自己的选择！相信自己选择的成功的人生！"妈妈让郑凯每天早晨起来，在阳台上把这几句话大声地喊三遍。第一天，郑凯喊的声音非常小，只有他自己一个人听得见。妈妈对他说："你这样是不行的。你这样就是不相信自己，要大声地喊，使劲地喊。"后来，郑凯真的放开嗓子喊了。结果，他发现自己的心态变得非常好，每天精神抖擞。这种自我激励一直坚持到高考。最后，他的高考成绩比第一次模拟考试整整提高了100分！

其实，处于逆境中的男孩，他的内心常常渴望得到激励，只有激励才能激发出他的热情和积极性。如果男孩在其他条件都具备的情况下，又善于自我激励，他成功的概率就会比一般的男孩高得多。

对于男孩来说，通过进行自我激励，可以激发他们的潜能，从而使他们有良好的表现，而良好的表现，又会促使孩子做出进一步的自我激励。在生活中，父母要注意引导男孩学会自我激励，让孩子在自我激励的基础上发挥自己的潜能，走向成功。

1.教男孩积极的心理暗示

人的一生不可能一帆风顺，父母帮助孩子的最好办法，就是让孩子学会自我激励，给自己喝彩。积极的心理暗示，为孩子提供了充沛的原动力，使他可以冲破重重障碍，成为一个自强不息的人生斗士。

李伟马上就要升入6年级了，一年后，他将要面临小升初考试。尽管李伟很想上一所理想的中学，但是他知道，自己的成绩在班级里不过是中等偏上一点，他不确定自己能否如愿以偿。

妈妈看出了李伟的心思，决定利用"自我激励法"帮他找回自信。妈妈让李伟每天对自己说一句话"我一定能考上重点中学"，而且，每次写作业的时候，都要在作业纸上写下同样的一句话。

很快，李伟就已经把这句激励的话记在了心中。而且，他也将这句话当成了学习的动力，并立下了考入重点中学的目标。为了实现目标，李伟提前一年开始进入努力学习状态，他相信在妈妈这个方法的帮助下一定能够成功。

后来的事实也证明，李伟的学习成绩稳步上升。一年后，李伟果然以优异的成绩考上了他想去的重点中学。

可见，当孩子遇到挫折和失败时，需要父母以不断的心理上的自我暗示，来获取前进中必不可少的原动力。积极的暗示带给孩子的是积极的认识和体验，能帮助孩子稳定情绪、树立自信心及战胜困难和挫折的勇气，保持积极向上的精神状态。

当孩子感到信心不足时，父母应该鼓励孩子进行积极的自我暗示，把"别紧张，我也行"、"我一定能成功"之类的话写下来，或者大声说出来，也可以在此基础上，让孩子根据自己的实际情况拟订一句鼓舞斗志的话，每天上学之前都念上几遍，在语言暗示后再满怀信心地去上学。

2.帮助男孩确立自我激励的目标

目标就是前进的方向，它是人们迷茫时的召唤，在困难时毅然奋起的信心，是受挫时永不屈服的勇气，是失败时永不放弃的追求。

善于自我激励的人必然有自己的目标，他会朝着自己的目标不断前进，所以，父母要鼓励孩子树立自己的目标，并引导孩子向着自己的目标去努力。

一名小赛车手在比赛中得了第二名，他非常兴奋地跑回家，想把这个好消息告诉妈妈。他一冲进家门就叫道："妈妈，有35辆车参加比赛，我得了第二名！"

"这值得高兴吗？要我说——你输了！"母亲回答道。

"妈妈，你不认为第一次就跑第二名是很了不起的事吗？而且有这么多辆车参加比赛。"他抗议着。

"你用不着跑在任何人后面。如果别人能跑第一，你也能！"母亲严厉地说。

这句话深深刻进了儿子的脑海。

在接下来的20年中，他称霸赛车界，成为运动史上赢得奖牌最多的赛车选手——他就是理查·派迪。

理查·派迪的许多项纪录到今天还保持着，没人能打破。二十多年来，他一直未忘记母亲的责备——你用不着跑在任何人后面！母亲的这句话让他明白了一个道理，那就是一个人要不断地激励自我："我是最棒的！我要做第一！"

设定目标对孩子的一生都起着至关重要的激励作用，在很大程度上决定孩子未来发展的道路。在制定目标时，父母应从孩子的实际出发，不可过大过高，最好先制定那些容易达到的目标，然后再逐渐增加目标的难度。

3. 为男孩树立良好的榜样

一位父亲是一个很成功的企业家，他总是用这样一段话来激励自己，"世上没有绝望的处境，只有对处境绝望的人"。一次，他投资失败，陷入了困境。他的儿子很想知道父亲在失败的时候是什么样子的。他偷偷地观察父亲的生活。父亲每天仍然坚持跑步，每天都在书房看书。直到有一天他看到父亲在健身房，一边满头大汗地锻炼，一边说："坚持！坚持！相信自己！我一定可以战胜失败的。"后来，这位父亲真的把这次失败的损失减少到最小。这样的父亲给孩子的榜样作用是不用怀疑的了。俗话说：有其父必有其子。后来，儿子也成为一个很了不起的实干家。

父母是孩子最直接的榜样。如果父母在遇到困难时，能够不断地激励自己，增强信心，进而克服困难，孩子自然能够受到感染，从父母身上学习到激励自己、战胜困难的品质，从而实现有意义的人生理想和目标。

4. 父母要给男孩选择一个好榜样

物理学家赫兹的母亲在赫兹很小的时候就把他送到了叔父那里学习。赫兹的叔父是19世纪有名的电磁学家。每天叔父在繁忙的研究工作外，总是抽半个小时对小赫兹进行教育。小赫兹从小就把叔父当成了自己的榜样。

在赫兹8岁那年，不幸的事情发生了，年仅37岁的叔父英年早逝。

举行葬礼那天，许多著名的学者和科学家不远千里前来吊唁，甚至连国家领导人也来了。母亲拉着赫兹的手，指着长长的送葬队伍对赫兹说："你叔叔献身科学事业，受到了全世界人们的无限敬仰，你一定要向你的叔父学习呀！"

赫兹深深地铭记住了母亲的话。后来，赫兹拜读了叔父遗留下来的全部书籍和日记。每当遇到了挫折和困难，他总是用叔父的日记来鼓励自己。后来，赫兹真的成功了！

在生活和学习中，当孩子有了自己的榜样之后，就会模仿他们的言行，朝着他们的榜样努力，在这个学习的过程中，孩子会不断地激励自己，给自己加油打气。父母可以为孩子选择身边比较熟悉的人作为学习的榜样，也可以选择在孩子比较感兴趣的领域里有突出贡献的人作为他的榜样。

5.引导男孩正确评价自己

在生活中，父母要帮助男孩发现他的长处，肯定他的成绩，并且让优点长处进一步放大。因为一个人只有客观地评价自己和他人，与他们进行正确的比较，才有助于激励和肯定自己。

李明宇是初一的学生，自小体弱多病，所以体育成绩比较差，但文化课成绩在班里却一直是名列前茅的。一次上体育课，老师要求同学们沿着操场跑两圈，当所有的同学都跑了两圈时，李明宇只跑完了一圈，老师要准备下面的活动，所有的同学都站着等待他。

此时的李明宇见几十双眼睛盯着自己，虽然老师和同学们嘴里没有说什么，但他感觉到别的同学对自己的轻视和嘲笑，心里十分难受，沮丧地跑完了。

放学回家后，李明宇的心情还没恢复，妈妈了解了事情的经过后，对李明宇说："孩子，你的学习成绩在班里名列前茅，只是身体太弱了。以后加强锻炼，争取做个全面发展的优等生！"听了妈妈的话，李明宇的心情好了许多，并暗下决心通过锻炼提高体育成绩。

俗话说：尺有所短，寸有所长。每个孩子都有一定的长处，也都有他的短处。父母要引导和教育孩子对自己进行积极、正确、客观的评价，并且认识到任何人都具有自己的长处，也都会有短处或不足。要相信并发扬自己的长处，弥补自己的短处。在生活当中，父母还要注意并善于发现孩子的优点和点滴的进步，并且不失时机地给予肯定和表扬。孩子认识到自己的优点，不断激励自己，就能取得一定的成绩，从而形成良性循环，便会增强取得更大更好成绩的信心和希望。

不放弃，鼓励男孩凡事要坚持

坚持是人的意志品质之一，是指克服困难，坚持达到目的的心理特征。儿时能坚持认真做完一件事，长大后就会多一分坚韧。所以，让孩子学会坚持是父母必须做到的。

我国古代著名文学家苏轼云："古之立大事者，不惟有超世之才，亦必有坚韧不拔之志。"很多人能取得成功是与他们的忍耐、坚持密不可分的。

开学第一天，大哲学家苏格拉底对学生说："今天咱们只学一件最简单也最容易做的事。每人把胳膊尽量往前甩。"说着，苏格拉底示范了一遍，并问道："从今天开始，每天做300下，大家能做到吗？"学生们都笑了，这么简单的事，有什么做不到的！过了一个月，苏格拉底问学生们："每天甩300下，哪些同学坚持了？"有百分之九十的同学骄傲地举起了手。又过了一个月，苏格拉底又问，这回，坚持下来的学生只剩下百分之八十。一年以后，苏格拉底再一次问大家："请告诉我，最简单的甩手运动，还有哪几位同学坚持了？"这时，整个教室里，只有一人举起了手。他就是后来成为古希腊另一位大哲学家的柏拉图。

柏拉图的成功就在于他做到了别人没有做到的事——坚持。在生活中，不论做什么事，如不坚持到底，半途而废，那么再简单的事也只能功亏一篑；相反，只要抱着锲而不舍、持之以恒的精神，再难办的事情也会迎刃而解。

人人都渴望成功，人人都想得到成功的秘诀。然而，人们常常忘记一个道理：即使最简单、最容易的事，如果不能坚持下去，成功的大门绝不会轻易开启。有时候，成功与失败往往取决最后一刻的坚持。

坚持的品质对一个人的成长以及发展起着相当大的作用。法国微生物学家巴斯德说："告诉你使我达到目标的奥秘吧，我唯一的力量就是我的坚持精神。"的确，坚持就是胜利，但现实生活中，不少孩子做事没有恒心，缺乏持久性，常常半途而废。例如，原本计划在每天早上跑步半个小时，刚开始还能坚持，等到再过一段时间就放弃了；在课堂上听课，只能在前二十分钟专心，后二十分钟就无法继续坚持；在每一个新学期开始时，为自己制订一个学习计划，最初几天还能完全按照计划学习，到后来却渐渐松懈，最后甚至完全舍弃了原定的学习计划；写作文的时候，通常前几段文字书写得非常工整，到后面就渐渐变得潦草凌乱，以致成了无人能识的"天书"……缺乏坚持性是很多孩子的通病，这不得不引起父母的重视。毋庸置疑，培养孩子坚持不懈的意志品质应该从小做起。

李磊是初中一年级的学生，他乐观开朗，爱好广泛。但是他却有一个很不好的习惯，那就是当他做一件事情遇到困难时就轻易地放弃。在李磊的观念里，坚持就是浪费时间。李磊读小学五年级的时候喜欢上了街舞，他身体灵活性和柔韧性都很强，很有跳舞的天分。刚到舞蹈班时老师非常器重他，他也很认真地学习。

但是，当李磊在学习街舞时遇到了一些练习了很久也没有准确掌握的动作时，就不耐烦了，要求退学。他跟老师说："我没有跳舞的天分，不应该在这里浪费时间。"

老师告诉李磊："那些成功的舞蹈家不是一蹴而就的，他们也是通过自己辛苦的努力才成为舞蹈家的。"但李磊不听，坚持退了舞蹈班的课。过了几天，又迷上了绘画，没练几天，他又打了退堂鼓……在以后的几年里，李磊前后学习过舞蹈、绘画、钢琴，但是一直到上中学他依旧没有一门特长。

从心理学角度来讲，意志薄弱是当前孩子普遍存在的一个问题，表现在做事不能有始有终，缺乏毅力，面对困难依赖成人帮助，独立性差。从客观角度来讲，孩子缺乏毅力与其生理、心理发育有关，也与父母的教育思想和方法有关。如果父母教育得当，孩子养成做事持之以恒的好习惯并非难事。

有一位母亲在与友人的信中这样讲述自己的育儿经验：

6岁的儿子浩然看到别的孩子会滑旱冰，就对我说自己也要学滑旱冰。我带他去商场买了旱冰鞋之后，郑重地告诉他说："既然你自己下定决心学习滑旱冰，那就一定要坚持学会才行，你能答应妈妈吗？"浩然信誓旦旦地说："妈妈，你放心吧，我一定学会！"于是，我就带他到广场上练习。刚开始，浩然怎么也掌握不好平衡，一定要让我扶着。我就先让他观察其他小朋友怎样滑旱冰，可浩然还是老摔跤。练习了几次，他竟然想要放弃。

看着摔得灰头土脸的浩然，我虽然有些心疼，但还是坚定地告诉他："滑旱冰就是这样，在摔倒中摸索经验，再说你是男子汉，不能因为摔几次就哭鼻子、就说要放弃，你要坚持，更要勇敢！"儿子听了我鼓励的话，重新站起来继续滑，虽然又摔了很多次，但他已经渐渐掌握了滑旱冰的窍门，没过多久就学会了。

培养孩子坚持的品质，对孩子今后的人生道路有很大的影响。拥有良好坚持性的孩子更容易成长为一个独立自主、有毅力、有恒心、自信、乐观、社会适应能力强的人。因此，父母一定要对孩子的坚持性进行训练，当然只有父母具有的坚持性才能培养出孩子的坚持性。

常言道：贵在坚持。父母应该经常告诉男孩，天下无难事只怕有心人，坚持就是胜利，坚持就能成功。对孩子坚持做事的习惯，父母应该给予及时鼓励，要求并督促孩子将每一件事情做完。

1.及时鼓励男孩

如果男孩在做事中途退缩，不想完成，父母切忌唠叨个没完，或者张口就骂，动手就打，更不要讽刺、挖苦，这样做很容易使孩子产生逆反心理，以致伤害其自尊心。相反，父母的鼓励可以让他们重新树立起信心，把事情坚持到底，直到出色地完成。

当孩子做事情有半途而废的想法时，父母要对他们产生的困难及时予以帮助，对于他们的点滴进步要及时予以鼓励和表扬，使他们产生愉悦感和自信心，从而使孩子树立坚持完成任务的决心。

2.培养男孩持之以恒的意志力

做任何一件事情都必须要有一种持之以恒的意志力。孩子有了较强的意志力，有了不甘落后的进取心，那么他做事就有了动力。如果孩子没有这样一种清晰的认识，父母可以给他们树立了一个目标，然后再督促孩子持续地努力以完成目标，让孩子不断地获得刺激，不断向前发展。

李潇是个三年级的男孩，他也像同龄的孩子一样做事情遇到困难就容易放弃。有一次，妈妈利用周末带他一起收拾屋子。李潇按照妈妈说的方法却怎么也擦不干净玻璃，他有些气馁了。尤其是当他发现自己擦一块玻璃居然花了五分钟还没擦干净、而家里又有这么多块玻璃时他彻底失去信心了。于是，他把抹布扔在一边，一屁股坐在地上叹起气来。妈妈看到李潇的表现便告诉他："你刚学擦玻璃，擦不干净很正常。你只需要把你正在擦的这块擦好就是成功了呀！不要急于求成，等你熟练以后速度也就上去了。你如果就这样放弃，可是连一块也擦不干净啊！"

在妈妈的鼓励和教导下，李潇拿起抹布，重新开始擦玻璃。

对于意志力薄弱的孩子，父母要经常激励他们，锻炼他们的意志力。当孩子遇到困难准备放弃时，父母要及时给他们打气，鼓励他们想办法继续坚持下去。

3.为男孩做出表率

有句俗话："上梁不正下梁歪。"如果想培养孩子持之以恒的韧劲，那么"上梁"必须"正"，父母必须以身作则，无论处理什么事情，都要认真、圆满地完成，做孩子的表率。很难想象，三天打鱼两天晒网的父母会培养出一个有恒心的孩子。孩子养不成坚持的习惯，多数是因为父母做事就是虎头蛇尾，所以要想孩子学会坚持，就要有坚持性。父母做事的态度在很大程度上影响着孩子做事的态度。如果父母今天要求孩子学习绘画半个小时，明天自己忘了没有要求孩子练习绘画，后天又有什么事给耽误了而不管孩子当天有没有练习，这样培养孩子的毅力就变成了一句空话。

4.给男孩制定的目标要符合他的能力

目标是某一行动要达到的某种意向结果的标准、规格或状态，它制约着行为的方向。一个人只有主动、自觉地去实现既定的目标，为实现目标而不懈努力，才体现出他的恒心。对孩子而言，只有具体的、可行的目标，才有可能促使他去实现这一目标。

儿童教育家曾经有过这样形象的比喻：假定要求孩子到果园里摘取长在高不可及的树枝上的苹果，孩子会望树兴叹，随后失去信心，放弃摘苹果的欲望；如果让孩子摘那些伸手可及的苹果，孩子很快就会厌倦摘苹果的活动；但是，如果让孩子去摘那些需要稍微跳一跳才可以够着的苹果，孩子会从摘苹果的活动中获得很多乐趣，并且将摘苹果的游戏不断地进行下去。

可见，给孩子定制目标应该恰到好处，既不能定得太低，也不能定得太高。太低，孩子会失去兴趣；太高，孩子则因难以实现而选择放弃。因此，确定的目标必须与孩子的年龄、经验、能力水平相适应，是孩子在经过自身的努力后能够实现的，唯有如此，才能激励孩子去进取，培养孩子持之以恒的韧性。

5.让男孩在困难面前永不放弃

6岁的小杰和妈妈在一家商店里买了一辆崭新的自行车。这辆自行车漂亮极了！它是宝蓝色的，车身喷有翠绿色的花纹，还有几只米老鼠和唐老鸭。小杰喜欢极了！

买了自行车后，妈妈就让小杰学骑自行车。一开始，小杰还不会骑，接二连三地摔了好几跤。小杰问妈妈："妈妈，你能不能给我示范一下？"妈妈微笑地说："好吧！"妈妈就骑着自行车转了几圈。小杰恍然大悟，原来骑自行车这么简单。他胸有成竹地对妈妈说："妈妈，我知道怎么骑了。"小杰信心十足地骑上自行车。"啊！"小杰尖叫一声，摔了一个四脚朝天，这一跤可把小杰摔得鼻青脸肿，信心百倍的小杰打算放弃了。妈妈语重心长地鼓励小杰说："小杰，你既然开始学了，就不能放弃，要知道，坚持就是胜利。"小杰听了默不作声，妈妈又鼓励小杰说："失败是成功之母，妈妈相信小杰一定能成功的！"小杰听了这话，坚定地点了头，又练起自行车来。这一次，小杰不怕摔跤，坚持了下来，最终学会了骑自行车。

在孩子的成长道路上会遇到许许多多的困难，比如，孩子在玩拼图游戏时，一遇到一些图块放不进去时就急躁起来，最后干脆丢在一边不玩了。又比如，刚学跳绳，不能很好地掌握技巧。在遇到困难时，孩子或伤心，或放弃，而在遇到困难时能乐观，勇于面对，不轻易放弃，这种素质的培养是孩子今后成功的关键。所以，父母要从小培养孩子永不言弃的精神。

学会专注，让男孩集中精力做好一件事

俄国教育家乌申斯基说过："注意是心灵的天窗。"人的思维看不见、摸不着，甚至是飘忽不定的，因此，男孩需要从小就掌握控制自己思维的能力，这种能力就是专注力。

专注力是一个人能高度集中于某一件事情的能力，也是一个人学习和做事能否成功的关键，对人的一生都是至关重要的。有关专家做过调查，人与人相比，聪明的程度相关不是很大，但如果专心的程度不同，取得的成绩就大不一样。凡是做事专心的人，往往成绩卓著；而时时分心的人，终究得不到满意的结果。

　　大文学家罗曼·罗兰有一次去参观著名雕塑家罗丹的工作室，欣赏他刚完成的作品。可是来到塑像前，罗丹发现还有几处地方不满意，于是拿起凿子就修改起来，口中念念有词，仿佛那座雕像是他的朋友。两个小时后修改完毕，罗丹满意地瞧了自己的作品一会儿，然后就要大摇大摆地离去，差点把他的朋友锁在屋里。

　　可见，专注于自己所做的事就是成功的第一要素。一个专注的人，往往能够把自己的时间、精力和智慧凝聚到所要干的事情上，从而最大限度地发挥积极性、主动性和创造性，努力实现自己的目标。对孩子来说更是如此，只有善于克制自己，把精力投入学习中去，完成自己的学业，才有成功的希望。因此，在家庭教育中，父母要十分注重孩子专注力的培养。

　　有一位老师在讲台上谆谆勉励学生做事要专心，将来才会有成就。
　　为了具体说明专心的重要，老师叫一名学生上台，双手各持一支粉笔，命其在黑板上同时用右手画方，左手画圆，结果学生画得一团糟。
　　老师说："这两种图形都画得不像，那是因为分心的缘故。追逐两只兔子，不如追逐一只兔子。一个人同时有两个目标的话，到头来一事无成。"

　　这个小故事说明，一个人的精力毕竟是有限的，不能一心二用，要想做好一件事情，就必须全身心地投入，决不能心猿意马。正如古罗马哲学家、作家西塞罗所说："任凭怎么脆弱的人，只要把全部的精力倾注在唯一的目的上，必能有所成就。"因此，专注力的培养，对于孩子来说，是极其重要的，从小训练孩子的专注力可以让孩子养成集中注意力的习惯。

耀辉家庭条件非常好，父母希望倾其所有培养孩子的综合素质，于是帮儿子选了很多培训班。正好耀辉也是个好动、兴趣广泛的孩子，对体育竞技、小提琴、漫画、电脑软件等都很有兴趣。

就这样，在父母的支持下，耀辉自己选了一个漫画班。三周后，耀辉反映老师教得不好，动漫绘画也没有自己想象的那么有意思，不如参加学校里的篮球俱乐部，据说新来了一个教练很棒。父母尊重耀辉的选择，让他又去学习两周篮球。因为是学校的篮球俱乐部，所以几乎每天都有训练活动，开始的新鲜期结束后，耀辉忍受不了训练的枯燥和劳累，妈妈也比较心疼，就退出了。

不久，耀辉开始跟朋友一起报名学小提琴，为此爸爸专门托朋友从上海买了昂贵的名牌小提琴，满心希望自己的儿子将来也能成为李云迪那样的青年俊才。

可惜，过了一段时间，爸爸发现耀辉对心爱的小提琴已经完全不闻不问，开始对一种绘图软件和电子杂志软件感兴趣。

一个孩子如果选择太多，就不会专心把一件事情做好。上例中的父母倾注金钱和精力来培养孩子，本是一番好意，结果却让孩子变得朝三暮四，到头来其结果只能和熊瞎子掰苞米一样，一事无成。

比尔·盖茨在谈到自己的成功经验时说过："我不比别人聪明多少，我之所以走到了其他人的前面，不过是我认准了一生只做一件事，并且把这件事做得完美而已。"很显然，只做一件事时，人就会聚集精神于一点。所以，无论做什么事情都贵在专注。

专注力是孩子学习和做事成功的关键，对孩子的一生起到至关重要的作用。正所谓"书痴者文必工，艺痴者技必良"，从小训练孩子的专注力可以让孩子从小就养成注意力集中的习惯。

和其他能力一样，专注力不是与生俱来的，而是在后天的学习和生活中逐渐培养起来的。因此，培养男孩的专注力需要从父母做起。

1.父母要做出榜样

首先父母应该以身作则，给孩子做专心、坚持和耐心的榜样。

小华是一个做事专心的男孩。无论是写作业还是玩耍，他都很专心，结果不但各门功课成绩优秀，兴趣爱好也得到充分的发展。小华专心做事的好习惯，主要是受他的爸爸的影响。小华的爸爸是一位老师，几乎每天晚上都要伏案备课和批改作业，十分专注，从不受家人看电视、谈天的影响。他说，要做到像一位北宋诗人所描绘的"用心专者，不闻雷霆之震惊，寒暑之切肤"的程度虽然很不容易，但不被其他事情干扰而专心地做事，还是能够做到的。

孩子最初的学习对象是父母，要让孩子专心，父母就得从自己做起，比如从头到尾好好完成一件事，而不是想到什么就做什么；要孩子专心做事时，父母也专心地做自己的事，而不是在客厅里看电视、大声说笑。总之，别让孩子产生"为什么爸妈可以，我却不可以"的想法，这样才有助于他各项学习目标。

2.男孩专注的时候，不要打扰他

很多孩子到了一定年龄，比如2岁以后，就能主动安静下来，因为他对某个东西感兴趣，想研究研究。比如，玩水、玩沙、玩土，通常都很专注，这个时候大人不要打扰他，不要怕弄脏衣服而阻止他。例如，孩子本来正在专心地玩什么玩具，父母忽然兴致勃勃地跑过来："喝果汁吧"，"吃香蕉吧"……要先等孩子把手里的事情做完。要知道，孩子沉浸于他的兴趣之中，就是在培养自己的注意力。再比如，孩子做作业，父母在旁边指手画脚，要么指出错误，或者说一些无关的话，都是干扰了孩子的思路，影响了他的注意力。

3.合理安排男孩学习和做事的时间

关于孩子做作业的时间问题，父母不要过于刻板，以不影响学习为前提，可以灵活掌握和安排。

　　小强是小学三年级的学生。有一次，他和妈妈在路上遇见了班主任老师。班主任老师向妈妈反映小强上课时总不能和其他人一同按时完成课堂作业，好像跟不上似的。妈妈回来并没有批评他，而是同爸爸一起，仔细地观察他的学习习惯、分析原因。最终发现，出现这种情况的根本原因是由于他的不专心。于是，妈妈非但没有强迫他学习，反而叫他放学后尽情去玩，作业等妈妈下班回家后再写，但条件是必须在规定的时间内完成。由于要在妈妈规定的时间内完成，他就必须专心致志。于是从那以后，他做功课不再东张西望，写字的速度也快了许多，而且他在听课或者自习时都极少走神，做课堂作业的效率也提高了。

　　通常，父母都会认为孩子的责任就是把书读好，但是在孩子的世界里，他们也是很忙碌的，当他们想做的事一旦萦绕在脑海中时，他们的心思也就不在学习上了。比如孩子放学后，如果有些有益的电视节目，孩子又非常想看，刚好当天作业量不大，不会影响孩子的睡眠的时间，不妨让孩子把电视看完再做作业，要不他做作业时心里也会一直惦记着电视，作业也会做不好的。

拼爹、拼妈、拼学历，不如拼意志力

　　有这样一个小故事：

　　从前，有人问一位智者："怎样才能成功呢？"智者笑笑，递给他一颗花生："用力捏捏它。"那人用力一捏，花生壳碎了，保留下花生仁。"那你搓搓它。"智者说。那人又照着做了，红色的皮被搓掉了，只留下白白的果实。"再用手捏它。"智者说。那人用力捏着，没能将它毁坏。"虽然屡遭挫折，却拥有一颗意志坚强的心，这就能成功。"智者说。

这个故事告诉人们：坚强的意志是人的一种重要心理品质，是人们做事获得成功的必要前提。遗憾的是，现在许多孩子缺乏意志力，他们生活在父母的溺爱与包办下，缺乏自我解决问题的能力、坚持不懈的毅力及抵抗挫折的耐力，这样的孩子在以后的生活中会遇到各种各样的麻烦。

意志力是人类特有的一种特殊的能力，是控制人的冲动和行动的力量，指人在达到某一目的的过程中，通过有意识地支配和调节自己的行为，从而克服各种困难来达到预期目的心理过程。

坚强的意志力是人类所认同的一种美德。培养孩子的意志力很重要。

意志力是一个人是否成功的关键，因为意志力表现为一个人实现自己生活、学习、工作直至人生目标的重要品质，同时，也是一个人克服困难，跨越障碍，解决矛盾的心智力量。俗话说"志不坚者智不达"，一个没有坚韧意志力的孩子，即使拥有过人的才华也难以取得成就。因为才华只能决定一时的成败，而人生的成功必须通过克服重重困难，依靠坚韧的意志力的辅助才能实现。据心理学家研究，坚定的意志来源于良好的心理承受能力，所以父母应该在日常生活和学习中培养孩子良好的心理承受能力。

有哲人曾说："坚强的信念能赢得强者的心，并使他们变得更坚强。"对于孩子来说，当他拥有坚强的意志时，他就能够在成长的困境中自强不息。

德国心理学家对500名智力超常的儿童进行了追踪调查研究，根据他们的成就大小，把他们分为"有成就组"和"无成就组"进行对比，发现这两组人之间的最大差异在于意志品质方面。"有成就组"的人，即获得较大成就的人，对自己从事的事业有忘我的献身精神，为了达到奋斗目标，虽经多次挫折仍不动摇。而"无成就组"的人，则意志薄弱，在困难面前畏缩不前，只有消极地等待良机。心理学家由此得出结论：人们事业成功与否，在很大程度上并不取决于人的智力水平和客观条件，而取决于是否有坚强的意志。因此，对于孩子来说，意志比天资聪颖更为重要。

在第九届世界女篮锦标赛中夺得三个第一的中国女篮队长宋晓波，就是在父母的训练下，从小养成了坚强的意志品质。

宋晓波的父亲是个篮球健将，他期望女儿成为坚强的人，因此在培养孩子的意志品质方面费了不少心思。

晓波6岁时考取了一所离家较远的小学，从家里到学校要换两次公共汽车，穿越几百米的小胡同和大马路。祖母很不放心，埋怨晓波爸妈太狠心。可是晓波爸爸安慰道："我们选中这所学校，也是为了锻炼晓波独立生活的闯劲和能力。一个人从小窝囊，长大了就很难有出息。"说罢，就去买了一张月票，挂在孩子的脖子上。父母开始也不放心，爸爸看着女儿上了汽车，便骑着自行车偷偷跟在汽车后面，看着女儿走进学校大门，才放心离开。

当晓波迈出了坚强的第一步后，父母又给她提出了新的锻炼任务，要她单独去把幼儿园的妹妹接回家，这也要换两次车。当时，晓波刚上一年级，妹妹只有4岁。那天正值隆冬，大雪纷飞，路滑车挤。晓波知道爸妈是在考验自己，就勇敢地答应了。

去了一个多小时晓波还没回来，妈妈着急了，骑车到幼儿园去询问，阿姨说："早走了！"她随即又奔回家。快到家门口时，看见两个雪团似的小人，她连忙赶上去。晓波解释说："汽车太挤，到站时下不来，我们就多坐了一站路。下车后往回跑的。"妈妈听了暗暗高兴，夸奖了她们。以后，晓波在学习和锻炼中更加努力，更加刻苦。

正因为从小就受过良好的意志训练，这为宋晓波之后的篮球事业奠定了一定的基础。

坚强的意志力是孩子取得成功必备的心理品质，它也是保证和维持孩子奋斗的内在心理力量。人生路上，无论做什么事都会遇到一定的困难和问题，如果没有相当的意志力，就往往很难把事情做成，所以说意志力的培养是相当重要的，这也是个性品质的一个重要特征，父母一定不要忽视对孩子意志力的培养。

1.让男孩从点滴小事做起

父母要指导孩子经受意志锻炼必须从点滴小事做起。通过日常生活小事指导孩子经受意志锻炼是一种行之有效的方法。

家长要善于利用身边的小事有计划地培养、锻炼孩子的意志力。父母要让孩子明白，坚强的意志是在千百件小事的锻炼中逐步培养出来的。只有经常在小事上注意锻炼，才能在大事上经得起困难的考验。

2.利用名人事例激励男孩

一个周末的下午，小华向妈妈学踢毽子。妈妈踢毽子的花样特别多。有倒着踢，跳着踢，左右踢，等等。小华很羡慕妈妈，可是自己怎么也学不会。正当他准备放弃的时候，妈妈给小华讲了一个关于童第周的故事。童第周18岁才上中学，学习很差，第一学期平均成绩才45分。第二学期，由于童第周发奋学习，成绩提高了，数学还考了100分。童第周28岁的时候，得到亲友的资助，到比利时去留学，跟一位教授学习。那位教授一直在做一项实验，需要把青蛙卵的外膜剥掉。外国同学谁都不敢尝试，只有童第周不怕失败，做了一遍又一遍，终于成功了，后来童第周成为著名的生物学家。听完妈妈讲的故事，小华懂得了坚强的意志是成功的必要条件，于是，他又继续学习踢毽子，在不断努力下，终于能连着踢了。

每一个成功者必然都具有坚强的意志，因为没有哪个人的成功不是克服重重困难，依靠坚强的意志力的支撑而获得的。在生活中，父母可以多给孩子讲一些名人故事或者让孩子多看一些名人传记，让孩子从名人成功的故事里体会到意志力的重要性，并利用名人的榜样作用时刻激励孩子。

3.让男孩承受一些挫折和困难

孩子的意志坚强与否常常体现在孩子如何面对困难和挫折，因为克服困难、战胜挫折常常需要更多的努力和坚强的意志力。父母应有意识地精心设计一些场景，让孩子经历一下困难和挫折，然后因势利导，使孩子增强对困难、挫折的抵御能力，增强意志力，学会应对办法。

有一位父亲和儿子有约，吃午饭后，儿子收拾桌子他洗碗，但有个条件，如果儿子收拾得不好就要接着洗碗。儿子小心地收拾了，而且实际上，桌子也比平时收拾得干净得多。儿子满以为能顺利过关，可父亲挑剔地检查时仍发现了一点油渍，于是他平静地说："对不起，这次碗该你洗啦。"可想而知，儿子付出了努力且明明比平时还好，却过不了关，哪有不产生遗憾、失望和挫折感的呢？其实，这正是父亲故意给儿子设置的挫折情景，故意让儿子心理受挫。他认为，让儿子经常经历些类似的挫折情景，就学会了镇静地接受不如意的现实，正确地控制情绪而避免过度的挫折感。

可见，让孩子承受一定的挫折，可以锻炼孩子的意志，增强受挫能力，还可以让孩子在挫折中看到自己的不足，进而做出新的努力。

信念是一面旗帜，培养男孩坚定的信念

一个人要想抵抗挫折，克服各种困难，坚定的人生信念是非常重要的。只有人生的信念坚定，才会让自己找到正确的人生定位和目标，才会朝着预期的目标一步一步地迈进，从而让自己离成功的人生越来越近。

1955年，18岁的吉尔·金蒙特已经是全美最有名气的滑雪运动员了，她的照片也上了著名的《体育画报》杂志封面。当时，她的目标就是获得奥运会金牌。

不幸的是，一场悲剧让她的梦想变成了泡影。1955年1月，在奥运会预选赛的最后一轮比赛中，金蒙特沿着大雪覆盖的罗斯特利山坡开始下滑，因为当天的雪道非常滑，刚开始滑过几秒钟，她的身子一歪，就失去了控制。她竭力挣扎着，想摆正姿势，可是一个个接连不断的跟头还是无情地把她推下了山坡……

当她终于停下来的时候，已经昏迷过去。人们立即把她送往医院抢救，虽然最终保住了她的性命，但她双肩以下的身体却永久瘫痪了。

金蒙特希望获得奥运会金牌的梦想彻底破灭了，但她面对困厄的斗志却没有被磨灭。在接下来的几年内，她整天和医院、手术室、理疗和轮椅打交道，病情时好时坏，但她从来没有放弃过对生活的不断追求：去从事一项有益于大众的事业，来完成未竟的事业，这是她在意外发生之后的梦。

在历尽艰难后，她学会了做很多事：写字、打字、操纵轮椅、用特制汤匙吃饭等。她在加州大学洛杉矶分校选听了几门课程，希望今后能做一名教师。当她向教育学院提出申请时，系主任、学校顾问和保健医生都认为这是天方夜谭，因为她根本就没有办法上下楼梯走到教室。

不过，她依然坚守自己的信念，她相信自己一定能成功。果然，功夫不负有心人，1963年，她终于被华盛顿大学教育学院聘用。由于教学有方，她很快就受到了学生们的尊敬和爱戴。金蒙特终于获得了教阅读课的聘任书。

后来，她的父亲去世了，全家不得不搬到曾拒绝她当教师的加州去。金蒙特决定向洛杉矶地区的90个教学区逐一申请。在申请到第18所学校时，已经有3所学校表示愿意聘用她。学校特意对她要经过的一些坡道进行了改造，以便于她的轮椅通行，另外，学校还破除了教师一定要站着授课的规定。

从1955年到现在，几十年过去了，金蒙特从没有获得过奥运会的金牌，但她却得到了另一块金牌——为了表彰她的教学成绩而授予她的。

之所以金蒙特能取得后来的成就，就是因为信念的伟大力量！可以说，信念是成功的起点，是托起人生大厦的坚强支柱。在人生的旅途中，谁都不可能一帆风顺、事事如愿。就像金蒙特一样，有的人身体可能先天不足或后天病残，但却能成为生活的强者，创造出常人难以创造的奇迹，靠的就是坚定的信念。所以，毫无疑问，对于一个有志者来说，信念是他立身的法宝。

罗杰·罗尔斯是美国纽约州历史上第一位黑人州长。他出生在纽约声名狼藉的大沙头贫民窟。这里环境肮脏，充满暴力，是偷渡者和流浪汉的聚集地。在这儿出生的孩子，耳濡目染，他们从小逃学、打架、偷窃甚至吸毒，长大后很少有人从事体面的职业。然而，罗杰·罗尔斯是个例外，他不仅考入了大学，而且成了州长。

在记者招待会上，一位记者对他提问："是什么把你推向州长宝座的？"面对三百多名记者，罗尔斯对自己的奋斗史只字未提，只谈到了他上小学时的校长——皮尔·保罗。

1961年，皮尔·保罗被聘为诺必塔小学的董事兼校长。当时正是美国嬉皮士流行的时代，他走进大沙头诺必塔小学的时候，发现这儿的穷孩子比"迷惘的一代"还要无所事事。他们不与老师合作，旷课、斗殴，甚至砸烂教室的黑板。皮尔·保罗想了很多办法来引导他们，可是没有奏效。后来他发现这些孩子都很迷信，于是在他上课的时候就多了一项内容——给学生看手相。他用这个办法来鼓励学生。

当罗尔斯从窗台上跳下，伸着小手走向讲台时，皮尔·保罗说："我一看你修长的小拇指就知道，将来你是纽约州的州长。"当时，罗尔斯大吃一惊，因为长这么大，只有他奶奶让他振奋过一次，说他可以成为5吨重的小船的船长。这一次，皮尔·保罗先生竟说他可以成为纽约州的州长，着实出乎他的预料。他记下了这句话，并且相信了它。从那天起，"纽约州州长"就像一面旗帜，罗尔斯的衣服不再沾满泥土，说话时也不再夹杂污言秽语。他开始挺直腰杆走路，在以后的四十多年间，他没有一天不按州长的标准要求自己。51岁那年，他终于成了州长。

　　在就职演说中，罗尔斯说："信念值多少钱？信念是不值钱的，它有时甚至是一个善意的欺骗，然而你一旦坚持下去，它就会迅速增值。"

　　理想和信念是人们的精神支柱，是人生路上的一盏明灯。很多时候，男孩的教育不像想象的那么困难，不在于天天和男孩讲什么道理，也不在于一定要进多好的学校，更不在于门门功课是多少分，关键是从小就要给他一个信念。罗杰·罗尔斯的成功就是最好的证明。

　　信念决定一个人走什么样的路。有了正确的信念，就不会出现偏差；有了正确的信念，男孩自然会去努力；有了正确的信念，就不会到不了目的地。信念须从小一点点培养、一点点树立。一旦信念确立以后，男孩在人生的困难和逆境中都不会被击倒，而是振作起来战胜艰难险阻。因为男孩知道，路靠自己走，未来的一切靠自己去完成，任何人替代不了。

　　信念是一种力量，它增添生活的勇气，点燃生命的希望；信念是一种价值，它体现生命的意义，创造人生的未来。拥有信念，就拥有了不屈不挠的精神。所以，父母帮助男孩树立理想和信念极为重要，它是男孩成长的动力。

　　总之，在男孩的成长过程中，父母要做的就是给男孩一个信念，只要男孩有了正确的信念，一切无须担忧。

1.为男孩树立榜样

　　有一位母亲的教育经验是这样的：

　　我的儿子胆子很小，他从不敢做自己没遇过的事情，包括一些很简单的游戏。我觉得胆小的性格不利于儿子今后的成长，所以刻意加强了对儿子的勇气教育。

　　周末，我常带儿子去游乐园玩，想从一些冒险、刺激类的游戏中锻炼儿子的勇气。我带儿子去玩过山车，儿子不肯去。我就指着旁边一个比他小的男孩说："这个弟弟都敢去，你有什么好怕的呢？妈妈相信你是没问题的。"儿子看了看小男孩，冲我点了点头。

就这样，通过各种各样的锻炼，儿子树立了增加勇气的信心，并且变得越来越坚强和勇敢。

其实，男孩模仿同龄人的能力很强，因此父母要善于利用男孩的同龄人榜样的力量，培养孩子勇敢面对困难的信心。例如孩子怯于在人前表演唱歌，当他犹豫不决时，父母就可以这样说："你是个勇敢的孩子，别人能做到的事情，我相信你也可以做到的。"不过，父母在这时一定要注意用温和、肯定的语气。

2.给男孩积极的心理暗示

信念是抽象的，且男孩年龄小，主观上可能不会意识到自己某一信念的存在，但是，潜藏在男孩心灵深处的信念总是要支配男孩行动的。所以，父母可以通过积极的心理暗示，来帮助男孩建立正确的信念。

日本著名教育家多湖辉认为，正面的暗示对于孩子来说是非常重要的，它往往可以使教育事半功倍。多湖辉曾经用他小时候的经历，来说明积极正面的暗示的重要作用。

小时候，多湖辉是一个爱搞恶作剧、喜欢调皮捣蛋、不爱读书的孩子。他的学习成绩一直很不理想，但是妈妈却没有责骂他，相反总是对他说："现在你不喜欢念书，总有一天，你一定会喜欢念书的！妈妈看得出，将来的你会有卓越的成就！"

妈妈经常把这些话挂在嘴边，这让多湖辉对自己的潜能深信不疑。他说："如果这些话只是偶尔说一两次罢了，那么小时候的我一定不会相信，因为此话与实际情形相差太远。然而，这些话一直挂在母亲的嘴边，所以后来我常想：'也许我将如母亲所料，日后会有卓越的成就。'也就是这种想法，使得我遇到困难、面临危险时，能勇往直前，毫不退缩。"

可见，积极的暗示带给男孩的是积极的认识和体验，能帮助男孩稳定情绪、树立自信心及战胜困难和挫折的勇气，保持积极向上的精神状态。当男孩遇到挫折和失败时，需要以不断的心理上的自我暗示，来获取前进中必不可少的原动力。

3.帮男孩建立自信

自信心是一种积极的心理品质，是一种促使男孩向上奋进的内部动力，更是一种能使男孩赢得成功的催化剂。这种心理品质应该从小培养，从家庭起步。

自信是一个成功者最重要的心理素质之一，也是男孩成长过程中的精神核心，是促使男孩充满信心去面对困难，努力完成自己愿望的动力。但它并非与生俱来，必须由父母对男孩从小加以正确引导，使男孩逐渐学会相信自己，建立起自信。

第四章
男孩自己的事，
就让他自己去做

不要事事包办代替，让男孩学会自理

自理能力的培养是一个孩子从依赖到独立的过程，即孩子从依赖家长的帮助，到学习认知照顾自己的衣、食、住、行的历程。

孩子的自理能力是他们形成健全人格的基础，是他们顺利进入青年时期的前提，同时对他们今后的成人化和社会化都有着极为重要的影响。

对孩子来说，自理能力是踏出家庭保护网的第一步；对于男孩来说，自理能力是将来独自走天下的必备技能。

任任是个9岁的小男生。他的房间总是十分凌乱，从来没有自己主动收拾过。每天晚上妈妈在任任睡着后，便会过来帮他整理房间，并且把他第二天上学要带的东西准备好。而每天早晨任任也都依赖妈妈叫他起床上学。如果哪一天妈妈急着上班，任任肯定就会因为睡过头而迟到。任任几乎所有的事情都是由父母代为安排的，一旦父母不在，他就不知道该怎么办才好……

现在的孩子由于生活条件比较优越，加上家长过多的包办代替与娇惯，使他们在学习和生活上依赖性很强。比如，孩子每天写完家庭作业，需要父母逐题、逐字地检查；一碰到学习上的困难或难题，就要叫爸爸妈妈帮助；孩子第二天要用的学习用具，需要父母逐样地准备；孩子卧室的床铺，需要父母整理；孩子的手绢、红领巾、袜子，需要父母帮助洗净……总之，离开了父母，孩子就似乎一事无成。

在生活中，有些父母把孩子的事情全部包揽到自己的手中，结果弄得孩子无所事事，缺乏独立性。有一句话是这样说的："做母亲的最好只有一只手。"说的就是要对孩子放一只手，有些问题让孩子自己去尝试着解决。让孩子学会自理，自己的事情自己做，为的是促进孩子独立性的发展，这对孩子将来的学习、工作、事业乃至一生成长都是有好处的。

任何一位父母，都不可能包办孩子的一生。孩子的将来，包括学习、工作以及事业的成功，都要靠他们自己去闯、去努力、去奋斗。而这一切，没有自立自强的意识和精神，是很难取得满意结果的。父母应该明白，独立既是生存的需要，也是孩子成长中的必然一课。

美国商业领袖罗伯特·汤森说："人最终要独立地走向社会，就必须拥有自主独立的能力。因此从小就要培养自我意识，培养自主、自立、自强的精神，认知和实践能力。自我发展本身也是个人对自身的一种反思。正是从这种反思中人才不断地找到自我，超越自我，实现自我。"独立就是自我生存的意识和能力。只有一个人具备了独立的意识和能力，才能比较容易地适应社会，摆脱逆境，把握机遇，发展自己。所以，父母应该重视对孩子独立性的培养，在孩子很小的时候就有意识地培养他们的独立性。

1. 给男孩长大的机会

苏联教育家马卡连柯说过："一味地抱着慈悲心肠为子女牺牲一切的父母，可以算得上最坏的教育者。"父母爱孩子是人之常情，但是爱孩子的时候要有原则和尺度，父母要控制住自己的感情，给孩子独立生活的机会，让孩子真正成为独立的个体。

有一位母亲为她的儿子伤透了心，她不得不去找心理问题专家寻求解决的办法。于是，这位母亲和心理问题专家的对话开始了。

专家问："孩子第一次穿衣服系扣子的时候，把扣子系错位了，从此之后，你是不是就没有再给他买过带扣子的衣服？"那位母亲很惊讶，然后她点了点头。

专家又问："孩子第一次切菜的时候，切破了手指，从此之后，你是不是不再让他走进厨房了？"那位母亲更惊讶了，连忙说是。

专家接着问："孩子第一次洗自己的衣服的时候，整整用了两个小时，还没有把衣服洗干净，然后你就嫌他笨手笨脚了？"这时，那位母亲惊愕地看了专家一眼，还说是。

"孩子大学毕业后找工作，你又尽全力动用了自己的权力和关系，为他找到了一个让很多人都羡慕不已的职位，是这样吗？"专家又问道。那位母亲更惊愕了，她终于忍不住了，从椅子上站了起来，凑近专家问："您是怎么知道这些的呀？"

"从那个系错的扣子知道的。"专家回答说。这位母亲问："那以后我该怎么办呢？"

"很简单，在他没有钱时，给他送钱去；在他要结婚的时候，给他准备好房子；当他生病的时候，带他去医院。这是你今后最好的选择，关于其他的，我也就无能为力了。之所以会这样，那是因为从一开始，你就没有给孩子一次让他长大的机会，现在已经来不及了。"专家最后说。

作为父母，给予孩子真正的爱，就是要努力为孩子创造一个广阔的成长空间。大胆放开手，给孩子长大的机会，让他自己长大，这样才能培养孩子自立自强的技能。正如现代政论家邹韬奋所说："凡是儿童自己可以干得来的事情，总是让他们自己去干，看护或教师至多在旁指导或看着，决不越俎代庖，这是要从小就养成他们的自立精神。"如果父母总是认为孩子还小，什么事都不懂、什么也不会做，所以就必须为孩子做这做那，那么孩子可能就因此没有长大的机会了。

2.教育男孩凡事靠自己

有这样一个寓言故事：

小蜗牛问妈妈："为什么我们从生下来就要背负这个又硬又重的壳呢？"

妈妈说："因为我们的身体没有骨骼的支撑，只能爬，又爬不快。所以要这个壳的保护！"

小蜗牛又问："毛虫姐姐没有骨头，也爬不快，为什么她却不用背这个又硬又重的壳呢？"

妈妈笑了笑说："因为毛虫姐姐能变成蝴蝶，天空会保护她啊！"

小蜗牛皱着眉头说："可是蚯蚓弟弟也没骨头，爬不快，也不会变成蝴蝶。他为什么不背这个又硬又重的壳呢？"

妈妈抚了抚小蜗牛的头说："因为蚯蚓弟弟会钻土，大地会保护他啊！"

小蜗牛哭了起来："我们好可怜！天空不保护，大地也不保护。"

妈妈安慰小蜗牛："我们有壳啊！我们不靠天，也不靠地，我们靠自己。"

俗话说：靠山山倒，靠人人跑。不论多么强大的靠山，总有靠不了的时候。父母只有教孩子自立自强，学会依靠自己，才不会担心有一天会失去"靠山"。

3.教男孩学会生活自理

生活自理是培养孩子自立能力的开始。因为孩子今后独立生活，不可没有自理能力，所以，父母首要的教育责任在于训练孩子的生活自理能力，让孩子从小就学会自己的事情自己来做，不依赖他人。

在生活中，父母可以让孩子学会照料自己的生活，诸如穿衣、系鞋带、梳头、洗脸、吃饭、整理书包、收拾房间等，父母尽量不要替孩子做。如果父母在生活方面过分照管，不仅不利于孩子独立性、自主性的发展，而且还容易使其养成一些诸如懒惰、依赖等不良品质。父母还应当让孩子经常参加一些家务劳动，如帮爸爸妈妈洗菜、购买物品、打扫卫生等，这是培养孩子生活自理能力的一种有效手段。

父母对孩子做家务、生活自理应以鼓励、肯定为主。由于孩子年龄小，做事水平不高，考虑问题不周全，力气小，在做事的过程中，难免会出现一些失误。父母不应因此指责孩子，更不能惩罚孩子，而应首先肯定孩子做得对的地方。对于孩子有失误的地方，要帮助他们分析原因，找到问题所在，以提高操作的技能和水平。这样，既能保护孩子希望自理的自觉性、主动性，又能激励孩子不断提高自己的认识水平和自理能力。如果孩子总也做不好，父母切不可性急，更不能谩骂或挖苦，主要是以鼓励为主，肯定他做得好的方面，在此基础上指出其不足之处，使孩子感到自己再加把劲就可以做好了。这样的教育方法，不仅可以锻炼孩子的自理能力，而且极大地增强了孩子的自信心，对促进孩子的自主自立会产生很好的推动作用。

学会选择，提高男孩的自主选择能力

20世纪伟大的哲学家萨特说过一句富于哲理的话，他说："人有选择的自由，但是人没有不选择的自由。"大哲学家的话道出了这样一个真理：人生处处有选择。

选择是把握人生命运的最伟大的力量。在人生的十字路口，谁能够理性地做出选择，谁就掌握了人生的命运。遗憾的是，现在很多孩子缺乏选择的能力。

有一位中国留学生看完了李开复《写给中国学生的第三封信》后，感触很深，他写了一封信给李开复说："很小的时候，我的目标就是长大，长大了做什么，我当时没有想过；读小学的时候，父母给我的目标就是考初中，考上初中做什么，我没有想过；读初中的时候，父母给我的目标就是考高中，考上高中做什么，我没有想过；读高中的时候，父母给我的目标就是考大学，考上大学做什么，我没有想过；上大学的时候，父母给我的目标就是要出国，出国做什么，我也没有想过；现在留学拿到了学位，要找工作了，下一步我该做些什么呢？这次，我要好好地想一想。谢谢你的'第三封信'，它唤醒了我埋藏了25年的进取心，它改变了我25年来被动的生活方式。从今天开始，我要积极主动地为自己而生活！"

这位中国留学生25岁才想到自己"有选择的权利"。

造成这一现象的主要原因是，父母剥夺了孩子的选择权。在有关孩子的决定时，不少父母喜欢包办代替。在吃、穿、用等方面，甚至在关系孩子学什么、选择志愿这些重大事情上父母都不习惯与孩子商量，而是越俎代庖，这种思想是不恰当的。有句俗话说，小时候不把他当作人，将来也成不了人。人做决定的能力也是慢慢培养的，如果父母总是不给孩子机会，他们可能永远不会自己做出决定。

一天，公园里有一个妇女拿一件风衣与一个4岁的小男孩说话，样子既着急又认真。原来，这件衣服一面是绿的，一面是红的，母亲非要孩子自己确定是红的那面朝外还是绿的那面朝外，她认为这是孩子自己的事，不替儿子做主。后来，这位小男孩决定红的一面朝外，穿上后，两人快乐地走了，妈妈似乎比儿子还高兴。

孩子的这种选择权有时对于成人来讲是微不足道的，但是这位母亲的行为就是让孩子明白他拥有选择权，并且这个权利是受大人尊重的。

尊重孩子的选择权，从根本上说就是把孩子当作一个"人"来看待，赋予他作为一个人的权利和义务，还孩子以真正的自由和属于他们自己的生活空间。为此，父母要走出传统的管理和控制，在解放自己的同时也解放自己的孩子，给予孩子充分选择的自由，放飞孩子的理想与智慧，实现真正的权利分享。拥有选择权的孩子可以充分地去做自己感兴趣的事情、喜欢的事情，发挥出最大的潜能，飞扬起生命的旺盛律动。

世界首富比尔·盖茨小学毕业后，父母将他送进了西雅图市一所名叫"湖滨中学"的私立中学。

盖茨中学毕业时，很想进入哈佛大学读书，这也是父母的最大心愿，但是在专业的选择上，父亲与儿子却发生了严重分歧。比尔的父亲在美国律师界的声望很高，他十分希望子承父业，所以主张比尔选择法律专业，但比尔对学法律当律师没有多大兴趣，他热衷的专业是数学和计算机。

父亲经过冷静思考，意识到若强迫比尔学法律，只会扼杀他在计算机方面的特殊天赋，对儿子的长远发展肯定是极其不利的。最后，父母尊重了比尔的专业选择，决定由儿子做主，让他在计算机领域自由发展。

然而，更大的分歧出现在比尔进入哈佛仅仅一年后：比尔决定离开这所世界一流的学府，与朋友一起创办计算机公司。这对他的父母来说是一个棘手的难题，他们百思不解，开始时也极力反对，但到最后不得不尊重儿子的选择。

比尔·盖茨自己做主的这次重大选择，无疑改变了他的一生，奠定了他成为全球"电脑王国"无可争议的领袖地位的基础。

比尔·盖茨最幸运的地方在于他有开明的父母，在他选择学校、选择专业、选择退学创业这几个重大决定时，最终都得到了父母的理解和支持。正是父母由比尔自己做决定的这几次正确的选择，使比尔的天赋、兴趣与他的事业找到了最佳的契合点，成就了他今日"富冠全球"的宏图伟业。

选择是一种能力。父母要注重孩子这种能力的培养，它是建立在对自己负责的基础上的。尽管有的孩子年龄尚小，但也有自己独立的人格，孩子的事应该由他们自己做出决定。如果父母能够把选择的权利交给孩子，尊重孩子的选择，孩子就会对自己负责，就会根据自己的兴趣爱好，选择自己想要走的道路。这样，孩子做事情才是发自内心的，才会取得令人欣喜的成绩来。

总之，在日常生活中，父母要让孩子学会自主选择，多给孩子选择的机会，这样一来，孩子就会感受到他们被尊重、被信任，从而带给他们自信和成就感，使他们感觉到自己能把握生活。

1. 把选择的权利交给男孩

选择的能力是从小培养的。父母要对孩子的一生负责，就要把选择的权利交给孩子，切不可包办代替，因为人生的道路还要靠孩子自己走。一个孩子总要长大离开父母，走向自己的生活，开拓比父辈更广阔的发展空间。如果孩子自小没有选择的权利，没有体验选择的滋味，他今后又怎么能选择适合自己的发展道路，迎接各方面的挑战和竞争呢？

2. 在选择上给男孩一些指导意见

在孩子自主选择的问题上，父母要懂得倾听孩子的心声，并尊重孩子的想法，让孩子做出选择，但要给孩子提出合理的建议并加以指导。父母可以试着了解孩子做出选择的依据和动机，可以把自己的经验和想法告诉他们，如果孩子的选择确实存在问题，也可以和他们一起来商讨解决。

名震世界的男高音歌唱家帕瓦罗蒂，曾在父亲的教导之下，正确地做出了人生选择，向人们展示了他歌唱方面的才华。

帕瓦罗蒂在小的时候就显示出了唱歌的天赋。长大后，他仍然喜欢唱歌，但是他更喜欢孩子，并希望成为一名教师。于是，他考上了一所师范学校。

临近毕业的时候，帕瓦罗蒂问父亲："我应该怎么选择？是当教师还是成为一个歌唱家？"他的父亲这样回答："孩子，如果你想同时坐两把椅子，你只会掉到两把椅子之间的地上。在生活中，你应该选定一把椅子，并且在选定之后，就要义无反顾地坚持到底。"

听了父亲的话，帕瓦罗蒂选择了唱歌。可遗憾的是，七年的时间过去了，他还是无名小辈，他甚至想到了放弃歌唱事业，但帕瓦罗蒂想起了父亲的话，于是他坚持了下来。

又经过了一番努力后，帕瓦罗蒂终于崭露头角，并且名声节节上升，成为活跃于国际歌剧舞台上的最佳男高音。

当一位记者问帕瓦罗蒂成功的秘诀时，他说：我的成功在于我在不断的选择中选对了自己施展才华的方向，我觉得一个人如何去体现他的才华，就在于他要选对人生奋斗的方向。

可见，只有从小培养孩子学会选择，学会承担责任，那么，当他有一天长大成人时，他才能够很从容地面对生活，知道自己需要什么，知道怎么去选择适合自己的东西，并且能够做到"我选择，我承担，我无悔"。

3.让男孩在自我选择中形成责任感

有一个18岁的男孩想去参加舞会。他问爸爸："我想参加舞会，可以吗？"爸爸本来想直接告诉他可以或不可以，但念头一转，说道："你说呢？你觉得可不可以？"儿子愣了一下，开始估算自己的功课还有多少没写，考试会不会受到影响，然后告诉爸爸他可以参加舞会，接着他又问爸爸："那我几点回家？"爸爸本来要脱口而出说11点前一定要回家，不过他忍了下来，又反问儿子："你说你几点回家？"儿子又开始估算，舞会结束的时间、要搭谁的车、要先送谁回家……最后他跟父亲说："我11：30可以回家。"父亲笑笑说："好，那你就11：30回家。"这时儿子觉得爸爸不太对劲，跟平常不一样，又接着问："那如果我11：30还不回家呢？"这时父子俩相视而笑，因为他们都知道，儿子会为自己做的决定负责。

选择和责任是一对孪生姐妹，人的责任感是在自我选择中形成的，一个人没有选择的权利，只有被选择权，也就不会承担什么责任。因此，多给孩子一些自主选择的权利，让孩子对自己的事做主，对培养孩子的责任心很重要。

流汗的教育——劳动是对男孩最好的磨炼

热爱劳动是人最重要的品性之一。世界上的成功人士大多有热爱劳动的好习惯。美国现任总统奥巴马说：流汗的教育才是真正的教育。从小培养孩子热爱劳动的习惯对孩子的健康成长是非常重要的，有助于孩子良好性格的形成。

但现实生活中，很多父母只关心子女的学习，希望自己的孩子能受到高层次的教育，将来有所作为，他们往往特别关心孩子的学业，却忽视了对子女进行热爱劳动的教育，因为疼爱而怕孩子吃苦，或嫌孩子做家务"越帮越忙"麻烦，没清醒地意识到劳动教育的重要性，于是迁就了孩子的惰性，包办孩子的生活琐事，使孩子很少有劳动锻炼的机会，这使孩子们缺乏劳动意识，更不懂得珍惜劳动成果。

据报道，德国制定了法规，规定孩子必须帮助父母从事家务劳动。6～10岁的孩子应帮助父母洗碗、买东西、扫地，10～14岁的孩子要参加整修草坪园子的劳动，14～16岁的孩子要帮助清洗汽车、参加园艺劳动；16～18岁的孩子每周要参加一次家庭大扫除。世界各国城市小学生每日劳动时间也比中国多。据统计，美国小学生每日劳动1.15小时，泰国小学生每日劳动1.18小时，韩国小学生每日劳动0.7小时，英国小学生每日劳动0.6小时，中国小学生每日劳动0.2小时，即中国小学生每日劳动时间只有12分钟。

可见，中国孩子与国外孩子在劳动方面表现出较大差异，这不由得让人担心，如果父母培养出来的未来一代是轻视劳动、缺乏劳动技术能力的一代，那么将来他们靠什么去生存立足，又怎么能担当起建设国家的重任呢？

苏联文学家高尔基曾说过："劳动是良心和义务的第一个最公正的捍卫者。劳动是把精神的振奋和手的能量融为一体的活动，是最重要的人类幸福的源泉。"一个人有无劳动的兴趣和能力，将直接影响他一生的发展。劳动教育对于培养孩子做人的基本品质和基本能力十分重要，如果父母忽视了孩子的劳动教育，就是忽视了孩子最根本的生存教育。劳动教育将直接影响一个孩子的意志力、实践能力、心理素质等非智力因素，而这些非智力因素直接影响智力的发展。试想，一个没有毅力、意志薄弱、实践能力差、社会适应能力差、心理素质差的孩子，能在学习上取得好成绩吗？

中华民族是一个勤劳的民族，有着热爱劳动的传统美德和勤于劳动的优秀精神，但今天的孩子怎么会有如此的表现呢？应该看到，事情发生在孩子身上，问题却出在父母身上，特别是很多做父母的，忽略了对孩子正确劳动观念和习惯的培养。

美国哈佛大学的一项跟踪调查表明，凡小时候愿意劳动，养成良好劳动习惯的、即使只限于做简单家务的人，生活也要比没有上述经历的人更完美、更充实。此项调查还表明劳动可以使孩子的人格情操得到升华，可以使孩子获得能力，并感觉到自己存在的价值，因而自我感觉良好，别人对他也有好感，孩子并从中培养热爱生活、乐于助人的人文精神。

可见，孩子长大后，他们的社会价值与他们的劳动能力与其所遵循的行为准则有密切关系。对于孩子来说，父母培养他们热爱劳动，既能增强其自立自强的精神，又可以使其在劳动中学会生活技能，对今后的生存发展有着积极的作用。因此，从小对孩子进行热爱劳动的教育，是值得父母重视的问题。

希尔顿是美国希尔顿饭店的创始人，他很小的时候，父亲就注重培养他劳动实践的能力。

有一天，天刚亮，父亲就把希尔顿叫起来，把一个大约两米长的草耙交给他，并用愉快的声调说："你可以到畜栏里工作了。"小希尔顿接过这个比他的个头高两倍的草耙，开始了他人生中的第一次劳动。就这样，希尔顿少年时代便在父亲的带动下，边读书边干活，养成了勤勉和善于经营的本领。

希尔顿上学后，父亲专门开辟了一块地给他，让他自食其力，学会耕种赚钱。他在地里种上青菜，每天放学后就跑去松土、浇灌和施肥。等青菜收获了，他便拿到市场上去卖。这时，他的第一个顾客往往是他母亲。当他接过母亲手中的钱时，他总是深深地感受到收获的喜欢和成功的快乐，同时也对自己的劳动成果倍加珍惜。

学校放假时，小希尔顿就跑到父亲的商店里去打工，跟父亲学做生意。父亲教他如何处理各种各样的业务，如何衡量信用，如何与顾客讨价还价，如何揣摩顾客的心理需求，如何进货退货，以及如何在紧要场合保持心平气和。有一次，父亲让他帮助进货。他一个人跑到离家几百公里的地方，一去就是十几天。在这样的磨炼中，他得到了许多经验，胆子也越练越大，迅速地成为一个出色的小生意人，而这些必要的训练和宝贵的经验，为他日后的成功打下了基础。

从小培养孩子的劳动习惯，对于孩子的成长是极有好处的。劳动不仅锻炼了孩子做事的能力，而且也能让孩子体会到父母的辛苦。从小就培养孩子热爱劳动的习惯，是对孩子自主能力的一个很好锻炼，对其以后的成长和发展有决定性的作用。

热爱劳动是一种好的习惯。英国著名教育家洛克雷说过："一切教育都归结为养成儿童的良好习惯，往往自己的幸福都归结于自己的习惯。"应该说，劳动习惯的养成，是孩子今后幸福的重要保证。为了孩子的一生，父母一定要从小培养孩子爱劳动的习惯，对孩子力所能及的事不要大包大揽，让孩子自己的事情自己做，不会的事情学着做，会做的事情经常做，只有这样，孩子才能健康成长。

1. 舍得让男孩劳动

在日常生活中，常有这样的父母：当孩子对劳动产生兴趣时，父母却对其百般阻止，殊不知，父母对孩子的"不舍得"，在孩子眼中却是"不信任"的表现，这是对孩子劳动潜意识的扼杀，也是对孩子劳动积极性的打击。

有个中学生回老家看望80岁高龄的姥姥，想为老人做点事，但老人不让干。一清早，孩子去喂鸡。老人见了，一把夺过饲料说："大清早的，谁让你干这活儿，回屋去。"下午，孩子去扫院子，老人又说："天这么热，毒日头底下晒不得，快进屋看书去。"

许多孩子的无能和懒惰，就是这样逐渐形成的。所以，父母遇到这种情况时，一定不要拒绝孩子，应该抓住这个引导、教育孩子劳动的大好机会，不仅要耐心地手把手去教孩子，而且要告诉孩子劳动的正确方法和技巧，还要提醒孩子注意安全以及在劳动中保护自己。只有这样循循善诱，父母才能让孩子始终保持对劳动的热情，从而更好地培养孩子的劳动能力。

2.对男孩的劳动及成果要多鼓励和表扬

周末的一天，小刚的妈妈加班，回到家已经很晚了，她看到厨房里热气腾腾的，餐桌上放着一碗炖豆角，电饭煲里的饭也是热的。她看了一眼问："小刚，这饭是谁做的？"小刚说："妈妈，是我做的。"妈妈说："做菜的钱是哪来的？"小刚说，是用自己的零花钱买的。妈妈看着眼前的一切，听着儿子的话语，不由得心里产生了一股暖流，激动得眼泪就在眼圈里转。虽然小刚做的饭由于水放得少饭是硬的，但是妈妈吃到嘴里，却甜在心上。她及时鼓励小刚说："儿子做的饭，最好吃，下次再做饭时，如果再多加一点儿水就更好了。"听到妈妈的表扬，小刚非常高兴，说："妈妈，明天我还给您做饭。"

对孩子的劳动成果，父母应及时地表扬和鼓励。受到鼓励的孩子得到心理暗示，就会在以后的生活中继续帮助爸爸妈妈做家务劳动。这种刺激与激励的方法更容易让孩子继续保持热爱劳动的好习惯。

3.为男孩做出榜样

有一位男孩，在家里从来不做家务，在学校里也总是躲避大扫除等集体劳动。老师把这个问题反映给了他的父母。他们意识到自己平常忽视了孩子的劳动实践，于是，想方设法要让孩子改变这种不爱劳动的习惯。

暑假的时候，父母带孩子参加一个野外生存训练的夏令营活动。父亲发现男孩非常喜欢这种活动。第二次，父母又带孩子去野营。

但是，父母在野营中却不再照顾男孩，什么事情都让他自己去做。平日不爱劳动的男孩，在这次野营活动中尝尽了苦头。这时候，他才意识到，自己的生活自理能力和劳动能力太弱了。

回家后，男孩主动要求父母让他多做一些家务，这正中父母下怀。经过一段时间的劳动实践，男孩对劳动已经不再厌恶，反而在劳动中获得了乐趣和技能。

对孩子进行劳动教育，不能只限于口头，还应该通过劳动实践来进行。如果父母在平常没有让孩子参加具体的劳动，那么，孩子是不太可能爱好劳动的。

教孩子时，父母要多做示范少说话。如果父母只顾说，那么孩子就没有看清父母的双手在做什么，而是看父母的嘴在说什么了。举个例子来说，父母先把面包、装果酱的瓶子和餐刀都放在桌子上，然后当父母舀果酱的时候孩子一定在认真看着，最后，给他示范怎样用一只手拿着面包另一只手在面包上抹果酱。父母示范一遍过后就可以让孩子尝试一下，这时候父母可以在旁边告诉他这种做法是否正确。

4.教给男孩一些劳动技能

有一次，袁华在帮助妈妈洗碗的时候，由于碗碟没有摆放好，最后斜着倒地，那些碗变成碎片了。袁华惊慌失措，胆怯地望着妈妈，不知如何是好。妈妈笑着安慰袁华说："没关系的，你能帮妈妈洗碗，妈妈已经很高兴了，打碎几个碗没什么大不了，以后小心点儿就是了。"在妈妈的安慰下，袁华悬着的心终于放了下来。接着，妈妈又给袁华示范洗碗时的注意事项，告诉袁华放碗和碟子时，一定要摆放稳当，洗碗的水龙头不要开得过大……在母亲的鼓励和教导下，袁华很快成了家里的劳动能手。

可见，劳动需要一定的技能，干什么活都有一定的干法，这就要求父母教给孩子一些劳动的程序，操作要领、方法及劳动的技巧。

做任何事情都需要一个学习的过程，父母应该耐心地讲解劳动的各种步骤、方法、要求和注意事项。父母在教孩子学会劳动技能的时候不要急于求成，而应该根据孩子的年龄特点，循序渐进，逐渐提高劳动的难度和强度。在孩子取得进步的时候，哪怕这个进步是非常微小的，父母也要鼓励孩子，让孩子从劳动中体验到快乐和幸福。

5．让男孩学会做家务

做家务是培养孩子劳动能力的好办法。父母适当地交给孩子一些简单的家务，让孩子学着做，不仅能减轻父母的负担，更是一种教育和引导孩子的好办法。孩子可以充分体会到父母平时的辛苦，也能够使他们学会自我负责、生活自理、协助做家务的能力。

美国第34任总统艾森豪威尔很小的时候，就在母亲的指导下学会了做家务。在学习之余，艾森豪威尔不仅要砍柴、做饭、打扫卫生，还要在自家的空地里学种蔬菜，参加家庭劳动。

有一年，艾森豪威尔的弟弟染上了猩红热，家里顿时紧张起来，猩红热是一种传染病，病人必须和家里人隔离开。于是，父亲便和几个孩子挤着住在楼下，由母亲来照看弟弟。由于父亲要每天工作，两个哥哥又在外地打工，其他的几个孩子年龄尚小，所以母亲就把烧水做饭的事情交给小艾森豪威尔去做。小艾森豪威尔此前根本不会做饭，但是在这种情况下，他也只有下定决心把饭做好。

刚开始，母亲手把手地教他生火、切菜、做饭的一整套程序，每天把要做的饭菜都准备好，小艾森豪威尔便开始一个人在厨房里忙活起来。凡事都是被逼出来的，他虽然从来没有做过饭，但对做饭还是感到很新鲜有趣，所以就做得既认真又仔细。刚开始的时候厨艺不精，做出来的饭菜常常让家里人难以下咽，但母亲每次都吃得很起劲，还鼓励他说做得很好吃，让他继续努力。经过一段时间的磨炼，小艾森豪威尔的厨艺有了很大的提高，还练就了几个拿手好菜，看到家里人每天吃饭狼吞虎咽的样子，他高兴极了。

从此以后，艾森豪威尔便承担起了家里做饭的任务。上中学的时候，有一次，学校组织出去郊游，由他来负责给大家烧饭。凭着母亲教给自己的手艺，他做了一顿丰富的野餐，令同学们赞不绝口。这也使他深深地体会到，只有依靠艰苦的劳动，才能改变和创造生活，赢得他人的赞赏。

直到晚年，艾森豪威尔常常津津乐道地向别人讲述自己少年时期做饭的经历。

苏联著名教育家苏霍姆林斯基说："家务劳动是最细心、最严格的保姆，是教育中的朋友和助手。"如果想让孩子热爱劳动，就要从做家务开始，让孩子从小就具备做家务的习惯和能力，把家务看成是生活中很自然的内容之一。如果父母什么事情都不让孩子做，这看起来好像是对孩子的一种"爱"，可就是这种"爱"在无形中抑制了对孩子许多良好习惯的培养。所以，父母一定要舍得让孩子参加家务劳动，帮助孩子成为有责任和热爱劳动的人。

父母不参与，让男孩学会自己解决问题

孩子需要学习如何自己独立解决问题，解决问题是父母应该教会孩子的最重要技能之一。在孩子小的时候就要开始帮助孩子学习解决问题的技巧，然后在接下来的阶段和孩子一起努力，教孩子如何解决问题、如何为自己做出正确的决定。

周铭上小学一年级时，胆怯懦弱，上课不敢发言，更不敢和老师说话，刚上学的第一天被同学打哭了三次，以后经常跑回家跟妈妈告状。妈妈告诉他："儿子，妈妈不能出面帮助你，因为妈妈不能时时在你的身边，你要学会自己解决问题，你可以告诉你的老师，或者离那个打你的同学远一点，或者制止他。总之，要想办法不让他打你。"没有得到妈妈的支持，周铭哭着跑开了。后来的几天，周铭的衣服上甚至有了明显的墨水印记，妈妈仍旧强忍着，不加干涉。终于有一天，周铭在忍无可忍时鼓足勇气告诉了老师，当周铭高兴地向妈妈叙说告诉老师的经过和老师怎样批评那个同学时，妈妈的眼睛湿润了，紧紧抱着周铭说："我就知道你可以自己解决问题。"

社会要求每个人都有较强的自我判断能力、自主决定能力，以确定在人生的各种不同阶段自己应该做的事情，使自己的才能得到充分发挥，并能牢牢掌握自己的命运。这就要求父母从小培养孩子的判断力及解决问题的能力。

然而，当看到自己的孩子遇到自己解决不了的问题时，父母很少有袖手旁观、不闻不问的。他们对孩子事必躬亲，呵护得无微不至，不敢放手让孩子大胆尝试，更舍不得让孩子自己动手解决问题。要知道，孩子在成长过程中，总会有各种各样的磕磕绊绊，在这个过程中，父母必须给他们自行解决问题的锻炼机会。孩子之间常有矛盾发生，当闹矛盾冲突时，父母不要挺身而出，那样的是非评判以及解决方式是成人的而不是孩子自己的，父母要把它视为教育孩子解决矛盾的良机，让孩子养成自己的问题自己解决的习惯。不要对自己的孩子持偏见，对孩子的纷争更不要介入太多。

有一次，昊昊的同桌想向他借一本图画书。由于同桌平日不爱惜书本，昊昊就不想借给他，于是便找了个借口。结果，同桌很生气，说他是"吝啬鬼"，还故意推了他一下。那一天，他和同桌一句话也没说。

昊昊觉得很委屈，便把事情的经过告诉给了妈妈，并央求妈妈出面帮他解决。妈妈并没有答应帮他解决，而是对他说："这样吧，你自己先来分析一下整件事情。"

昊昊想了想，说："我不应该因为他不爱惜书本而不借给他图画书，但是他也不应该说我是'吝啬鬼'并故意推我。"

"儿子，你分析得不错。那你就想一个既公平又合理的办法吧！"

"如果我把图画书借给他，那他就不会这样对我了。所以，我打算明天就把书借给他。不过，我会提醒他要爱惜图画书。"

"妈妈支持你的决定。当同桌看到你把书借给他时，相信他一定会非常高兴。"

第二天，昊昊把书借给了同桌，并且提醒他爱惜图画书。而同桌也就昨天的事情向他道了歉，并承诺会好好爱惜图画书。

这位妈妈的做法真巧妙，很值得借鉴。面对男孩之间的矛盾，父母不妨让他先站在一个旁观者的角度来分析整件事情，然后再找出公平合理的解决方法。

有时候，父母也需要做一个出谋划策的"军师"。也就是说，当男孩不知道如何去解决矛盾的时候，父母可以为他出谋划策，引导他用更合理的方式去解决矛盾，然后让他自己去实践。

事实证明，当父母鼓励男孩自己去解决矛盾时，不仅可以提高他与人交往、辨别是非的能力，还可以使他形成独立自强的性格。

意大利幼儿教育学家蒙台梭利认为："在一般的情况下，儿童都喜欢自己解决自己的问题。成人如果干涉太早或太多都是会有害处的。"美国心理学家的研究成果也表明，孩子是否能成功解决问题，更多地取决于他的经历而非聪明程度。因此，当孩子遇到问题时，父母最好不要包办代替，擅自帮助孩子或替孩子做决定，因为一旦失去锻炼机会，孩子独立解决问题的能力就会退化，遇到问题就会束手无策。父母应给孩子足够的机会、适当的鼓励和具体的指导，培养孩子解决问题的能力，上好孩子成长过程中这不可或缺的一课。作为父母，更应该多让孩子学会自己面对问题，自己想办法解决问题。

1. 让男孩学会自己解决冲突

读小学三年级的肖强，放学后在小区里和一群同龄的孩子玩耍。本来几个孩子玩得挺高兴的，可是过了一会儿不知为什么就吵了起来，而且吵得很凶，声嘶力竭。肖强的妈妈在家里听见了，就赶忙跑到楼下。一看，几个孩子正在为了几块瓦片吵架。原来，她儿子的瓦片被同龄的另外一个小朋友抢去了，肖强很气愤，两个人自然吵了起来。没想到，其余几个小朋友偏偏帮着那个孩子和儿子吵架。肖强一看妈妈下楼来了，涨得通红的小脸变成了惨白色，委屈的眼泪一下子掉下来，"哇哇"地哭出了声音。当时，这位母亲真的很生气，她真想训斥一下那个不讲理的孩子。可是，她转念一想，如果孩子吵架大人参与其中，不是太不好看了吗？碍着面子，这位母亲说："儿子，咱们回家去，不和他玩了！"谁想到，肖强偏偏不回家，非要把瓦片要回来不可。这位母亲说："几片破瓦，有什么好玩的！回家妈妈给你买好吃的。"肖强仍然不干。妈妈只好又把目标转向那个抢瓦片的孩子："小朋友，你把瓦片还给他吧，好吗？阿姨相信你是个好孩子！"可那个孩子也不买她的账。这位母亲一看自己连几个小孩子都安抚不了，一气之下说："儿子，你回不回家？"肖强把头一拧："不回！""好吧，那你自己想办法吧，我回家了！但是有一条，不许哭，男子汉哭什么！"妈妈一气走了！这位母亲人虽然回家了，但是心思还留在外面。她真的很担心儿子被小伙伴打了。可是，没过一会儿，肖强回来了，不仅要回了瓦片，还笑嘻嘻的。仔细一问，这位母亲才知道，原来几个小朋友又和好了。母亲问儿子用了什么方法，肖强笑着说："保密！"

在人际交往中遇到矛盾是不可避免的，而善于解决矛盾，是高水平的合作与交往能力的标志。所以，当孩子遇到交往矛盾与问题时，父母应该让孩子面对问题，自己去主动交涉。然而，有些父母一见孩子之间产生了矛盾，便立即介入去平息"风波"，替孩子处理矛盾，这样很难培养孩子的交往能力。其实，孩子在交往中时常会出现矛盾，父母不必急于介入，有了矛盾，孩子往往能自己解决的。父母要鼓励和启发孩子动脑筋解决矛盾，这对锻炼孩子明辨是非，学习解决问题的能力大有好处。

2.启发男孩想办法解决问题

卡伦、布雷达和罗德在后院的体育场上玩捉人游戏，卡伦的父亲在家里听见他们在嚷："骗子！""我说过时间到了！""这是骗人的！""哦，没错，你是个骗子！"卡伦的父亲到了后院，卡伦瞪了布雷达一眼，告诉父亲："她认为她能按自己的意愿制定所有的游戏规则！"

"你们在开始玩游戏之前没有就游戏规则达成一致意见吗？"卡伦的父亲问道。

"没有。"卡伦回答。

"那么，这也许就是你们产生矛盾的原因。先花几分钟制定一些大家都同意的公平的游戏规则吧。你们认为如何？"

这样，就解决了孩子之间的冲突。

由此可见，如果孩子间起了纷争，父母首先要让孩子说清发生争执的原委。一旦了解了事情的真相，父母就可以有针对性地帮助孩子认识他们之间发生矛盾的原因，尤其是他们各自存在的问题。父母可以告诉孩子，骂人和踢人都是不友好的表现，不能因为别人先做错了，自己就可以做不好的事情。然后在孩子们都认识到自己的问题后，让他们学会向对方认错、道歉。在这个过程中，父母应多问孩子："你有什么好的主意？""你觉得你们应该怎么做？"让孩子感到自己有权利也有责任去思考如何解决自己的问题。也不妨让孩子们坐在一起，让他们各自说说为何要争吵，这样做的好处在于让孩子能够彼此倾听对方的想法。父母可以用一些有帮助性的问题来引导孩子解决当下的问题，例如："你能不能想一个不要吵架也能玩得开心的办法呢？"让孩子自己想办法，互相商量，取得一致的想法。这样做的好处在于能够让孩子懂得以后再碰到类似事件该如何解决。

3.让男孩独立面对问题

周先生当爸爸十多年了。别人提到他上初中的儿子总是赞不绝口。但是，他自认为孩子的成长，自己其实并没有费太多的心，因为很多的事情都是孩子自己处理了。在孩子很小的时候，他就很少主动替孩子做什么。孩子摔倒了，他只是不慌不忙地说："自己爬起来。"孩子玩玩具拼图，怎么也拼不好，他在一边稍加指点，然后告诉孩子："爸爸可不帮你，你能拼好的。"在他认为儿子能够完成一件事的时候，从不主动帮忙。有一天，孩子放学回家对他说："爸爸，我们老师说要组织一次野炊活动，可是经费得自己想办法，不能向家里要。可是我到哪里去挣钱呢？"周先生说："自己的问题可要自己解决。爸爸只能提个建议，要靠自己的真本事挣钱。"后来，儿子就和几个同学约好，替报社卖报纸，辛苦了一个周末，也挣了不少钱。孩子也慢慢被调教出来了，遇事不再找父母，而是先自己想办法，实在解决不了，才要求父母帮忙。事实也证明，孩子在力所能及的范围内，是可以自己去解决很多问题的。

周先生的教育方式非常值得借鉴。父母要给孩子多提供锻炼的机会，在平凡的小事上开拓孩子的进取意识和创造力，提醒并指导孩子克服困难的具体方法，帮助其解决自己生活中的问题，使之体验达到目的后的快乐。

4.教给男孩解决问题的语言和策略

在教育孩子时，父母除了在日常生活中为他创设一些解决问题的情境外，还应逐步教给孩子一些和他人相处的方法，即解决问题或矛盾的语言和策略。这样经过一段时间的积累，孩子便能逐渐学会在解决问题时该使用怎样的语言和策略，也能学会怎样和他人相处。

解决问题的基础词汇包括以下几种：是、不是，和、或，之前、之后，现在、以后，同样、不同等。

下面是一位父亲和儿子在商量事情，父亲很机智地运用了解决问题的基础语言。

爸爸："你准备吃饭之前还是吃饭之后去玩那个游戏呢？"

儿子："吃饭之前，爸爸。"

爸爸："那好！但吃水果你想选择在吃饭之前还是吃饭之后呢？"

儿子："妈妈说吃饭之后才可以吃水果。"

这里"之前"、"之后"的运用为孩子处理实际问题提供了两种可能，让孩子自己去思考，去安排自己的时间，而不是由父母亲强行或替孩子安排好一切。这样的基础词汇运用得多了，就能逐步提高孩子处理问题、解决问题的技能。

父母还可以教给孩子一些解决矛盾冲突的基本策略：如遇事要互相谦让（两人都想要一件玩具时，打人是不对的，可以用猜拳游戏的方式解决问题），还要对别人友好；想要得到别人的帮助时应用商量的口吻与别人讲话，尽量使用"请允许"、"如果……好吗"等语句；以友好的方式解决交往过程中的矛盾和冲突。

独立思考——教子课题的"重中之重"

独立思考是积极主动地思考，具有新颖性、创新性的特点。它是任何创作、发明、发现的源泉，要想有一番作为的人都离不开独立思考。所以，培养孩子独立思考的习惯是每一位父母必须牢牢把握的家教关键，是诸多教子课题的"重中之重"。

有一次，美国电视台的著名主持人比尔问一个七八岁的女孩："你长大以后想做什么？"女孩很自信地答道："总统。"全场观众哗然。比尔做了一个滑稽的吃惊状，然后问："那你说说看，为什么美国至今没有女总统？"女孩想都不用想就回答："因为男人不投她的票。"全场一片笑声。比尔："你肯定是因为男人不投她的票吗？"女孩不屑地说："当然肯定。"比尔意味深长地笑笑，对全场观众说："请投她票的男人举手。"伴随着笑声，有不少男人举手。比尔得意地说："你看，有不少男人投你的票呀。"女孩不为所动，淡淡地说："还不到三分之一。"比尔做出不相信的样子，对观众说道："请在场的所有男人把手举起来。"言下之意，不举手的就不是男人，哪个男人"敢"不举手。在哄堂大笑中，男人们的手一片林立。女孩露出了一丝轻蔑的笑意："他们不诚实，他们心里并不愿投我的票。"许多人目瞪口呆。然后是一片掌声，一片惊叹……

这是一个典型的独立思考的事例，女孩在没有任何人提示或帮助的情况下，凭借自己的判断和思考，对主持人的提问做出从容的作答。这种独立思考的能力正是许多中国孩子所欠缺的。

在现实生活中，有的父母把一切事物都安排得十分妥帖周到，从来就没有想到什么是需要孩子自己去考虑、去想办法、去解决、去处理的。当孩子遇上困难时，父母常常不假思索就帮孩子把困难解决了。慢慢地，当孩子再遇上困难时，自己也不愿意思考，就指望父母的帮助。长此以往，扼杀了孩子的独立思考能力，更谈不上解决问题的能力了。

独立思考的习惯对孩子的一生有着重大影响。如果孩子拥有独立思考的能力，就会善于发现问题，能够通过思考、分析找到答案，就会取得好的学习成绩。而孩子长大后，因为有独立思考的习惯和品质，他的视角会比别人宽广，思维也会更加缜密。因此，具有独立思考能力的人，将比其他人有更多的机遇，更容易拥有成功的生活和事业。

爱因斯坦是著名的物理学家，生于德国，因受纳粹的迫害，1933年迁居美国。他在物理学的许多领域中都有重大的贡献，其中最重要的是建立了狭义相对论，并在这基础上推广为广义相对论，并获得了诺贝尔物理学奖。

爱因斯坦幼时发育较迟缓，三四岁时候还不大会说话。但是，他的小脑袋中经常装着各种稀奇古怪的问题。他常常托着下巴在想："雨为什么会从天上掉下来？月亮为什么不会从天上掉下来？"在他四五岁的时候，爸爸给他一个罗盘。他非常喜欢这个玩具，爱不释手地摆弄起来。罗盘的指针轻轻抖动着，转动着。当静止下来的时候，涂着红色的一端总是指着北方，另一端总是指着南方。他小心翼翼地转动罗盘，想让罗盘指针指向别的方向，但是，罗盘仿佛发觉了他的心思，红色的一端仍然固执地指向北方。他突然猛转身子，想让罗盘措手不及，但是等指针停下来一看，红色的一端还是指向北方。"真奇怪！"小爱因斯坦惊奇极了。"为什么它总是指向南北，而不指向东西呢？"他喃喃地向自己提出了一个许多小朋友都没有想到的问题。他为罗盘的指南性着了迷，也为自己提出的罗盘问题着了迷。他一个人玩着，试着，痴痴地思考着，整天精神恍惚，沉默不语，父母还以为他生病了呢！

终于，他找到一个答案：这根针的周围一定有什么东西在推着它！于是，他想找出罗盘周围存在的某个神秘的东西。但是，找来找去却一直没有找到。

在爱因斯坦对罗盘的探索中，已经孕育了一颗善于思考的种子。爱因斯坦上小学时，话语不多，手也不太灵巧。同学们讥笑他笨，老师也不大喜欢他。一次老师教同学们做手工，爱因斯坦交给老师的是一个歪歪扭扭的小板凳。老师不高兴地说："这像什么板凳？谁见过这么糟糕的板凳？世界上还有比这更糟糕的板凳吗？""有的，"爱因斯坦回答道，"世界上还有比这条板凳更糟糕的板凳。"说着，他从课桌的抽屉里拿出两个做得更差的小板凳对老师说："这是第一次做的，那是第二次做的。你手里的是第三次做的。第三个比这两个要好一些，这两个比你手里的更糟些。"老师的气消了。爱因斯坦的手工虽然做得不够好，但他是认真的、努力的。在盛气凌人的老师面前，他竟能镇静地说明事情的真相。从此，老师也喜欢这个平时不大说话的孩子了。

独立思考是自我研究、自我解决问题的一个重要途径，让孩子在自我研究中去体验，去感悟，久而久之，孩子独立思考、解决问题的能力就能得到提高，这将为孩子的终身发展，乃至于将来干出一番大事业奠定下基础。作为父母，应该利用各种机会，培养孩子独立思考、分析问题、解决问题的能力。

1.给男孩独立思考的机会

在生活中，有些孩子在遇到疑难问题时，总希望父母给他答案。如果父母对孩子有问必答，虽然解决了孩子当时的问题，但从长远来说，孩子会养成依赖父母的习惯，遇到问题时不会独立思考，不会自己去寻找答案，这对发展孩子智力没有好处。因此，当孩子在生活和学习中遇到问题时，父母不要直接告诉孩子答案，而是要引导孩子自己去寻找答案，多在"点拨"上下功夫，或教给他思考的方法，或在关键处适当地提醒一下，让孩子去观察和动手验证，给孩子留有思考的余地，这样孩子便会逐渐养成良好的习惯，提高独立思考能力。

2.启发男孩独立思考

一个9岁的小男孩跟着妈妈去商场买东西，他看到街口有个十五六岁的女孩当众跪着，胸前挂着一块纸牌，上面写着"我要上学"的文字，说她死了父亲，母亲又卧床不起，她被某中专学校录取，却无钱报名，请求好心人施舍。小男孩看了，把钱从口袋里掏出又停住了，低声对妈妈说："她不是骗子吧？电视上有过类似的报道。"妈妈不置可否，让儿子自己思考。小男孩拉拉妈妈的衣襟走了。妈妈说："如果她不是骗子呢？"

回家后，小男孩写了一封信：姐姐，你跪着乞讨多没尊严呀！自尊比识字还重要。高尔基小时候因为家里穷，只上了两年学，他一边打工一边读书，终于成了世界闻名的作家。成才的路有好多条，上学不是唯一的。小男孩想了想，又写道：这里有20元钱，你买张车票回去吧。

他刚要出门上街，妈妈提醒他："如果她是骗子呢？"小男孩又想了想，把补充的话擦去了，重新写道：如果你想回家，我给你买车票，送你上汽车。最后写上了联系电话。妈妈看着儿子一连串的反应，会心地笑了。

小男孩的妈妈没有直接告诉孩子那个人是不是骗子，而是通过启发性的语言，鼓励孩子自己思考，自己得出答案。这种教育孩子的方法是值得父母借鉴的。所以，父母不妨在与孩子相处与交谈中，经常以商量的口气进行讨论式的协商，留给孩子自己思考的余地，要给孩子提出自己想法的机会。父母可根据交谈内容经常发问，比如："这两者有什么关系"、"你觉得怎么做会更好"、"你的想法有什么根据"等问题，以引起孩子的思考。

3.认真回答男孩提出的问题

当孩子问父母问题的时候，父母千万不要嘲笑孩子的幼稚，更不要推开孩子说"烦死了"。在面对孩子一个接一个的问题时，父母不要因麻烦而敷衍，应该很认真地来对待，越是小的孩子越是要如此。

麦克斯韦被称为"电波之父"，他是父母非常疼爱的独子。父亲是一位出色的律师，心灵手巧，家里的大事小事，他都能应付自如。

麦克斯韦的童年是在风景秀丽的爱丁堡度过的。从小他就对世界充满了新奇感，喜欢思考问题，经常提出各种各样的"为什么"。

有一次，爸爸妈妈带他出去玩，他的一张小嘴就没停过。"爸爸，大树为什么朝天上长啊？""这群蚂蚁会不会说话呀？"这位博学多才的父亲面对孩子的这些问题总是非常耐心而又重视地回答着，尽管有些问题在他看来有点儿幼稚可笑，但是对于儿子的好奇心，他总是尽最大努力来满足。

有一天，姨妈珍妮给他送来了一篮苹果。拿着苹果，他并没有吃，却问道："姨妈，这苹果为什么是红色的呢？""为什么阳光照了就变红了呢？"

姨妈竟然被他问住了，为了摆脱窘境，就故意转移他的目标："小家伙，这个问题是大人们研究的事，你还是去吹泡泡玩吧。"

谁知她的这个主意更糟糕，肥皂泡在阳光下呈现出了美丽的五颜六色，麦克斯韦看见后是又惊又喜，连忙来问姨妈："为什么太阳照着泡泡却成了彩色的呢？"

父亲见状便忙出来解围，他从书架上取出一本大部头的物理书，对儿子说："这是物理学中光学的问题，你如果读懂了这本书，就能从中找到答案。"

问题是思考的起点。孩子小时候，脑子里会有很多问题，当孩子向父母提出问题时，父母要和孩子一起讨论，耐心地向孩子解释。父母积极地帮孩子解决问题，孩子就会提出更多的问题，从而拓宽了孩子的眼界和知识面。

父母也可以经常给孩子提出一些问题，让孩子的大脑经常处于活跃状态，通过这种方式来锻炼孩子的思维能力。

4.鼓励男孩表达自己的意见

小亮的爸爸是个很讲民主的人，在家里，他允许小亮大胆说出自己的想法，即使他说得没有道理，爸爸也不会批评他。

周末，爸爸带小亮去参观一个书画展，事先爸爸没有告诉小亮里面的画全部是一个人的作品。小亮在仔细地看完每幅画后，对爸爸说："爸爸，这个画家的画真好。"

爸爸觉得很纳闷，孩子怎么会知道是一个人的作品呢？他问小亮："是吗？你觉得好在哪里啊？"小亮回答道："这些画的颜色搭配很好看，笔法也很大胆。"爸爸听了孩子的话，满意地笑了。

孩子在任何情况下都应当被允许表达意见，这对孩子思考能力的发展是至关重要的。

在生活中，有些孩子往往不敢发表自己的意见，因此父母要鼓励孩子敢于发表自己的看法。在孩子发表自己的意见时，即使孩子说错了，父母也不要责怪孩子，要从另一个角度肯定孩子，然后给予孩子正确解决问题的提示。

对于孩子的正确意见，家长要先肯定、表扬，让孩子增强发表意见的信心。孩子受到了鼓励，以后就会积极主动地去进行思考了，这样也就达到了父母培养孩子思维能力的目的。

面对危险，让男孩学会自我保护

自我保护是孩子面对危险时必备的求生本能或自我保护技能。作为生存教育的一个主题，它是当今社会乃至全球都最为关注的问题，是孩子适应社会、健康成长必修的一堂课程，也是做一个现代人所应具备的素质之一。

有这样一个故事：

一群在山里野餐的小孩子迷路了，在潮湿饥饿中度过了恐怖的一夜，他们无望地失声痛哭，"人们永远也找不到我们了，"一个孩子绝望地哭泣着说，"我们会死在这儿。"然而，11岁的杰克站了出来，"我不想死！"他坚定地说，"我爸爸说过，只要沿着小溪走，小溪会把我们带到一条较大的小河，最终你一定会遇到一个小市镇。我就打算沿着小溪走，你们可以跟着我走。"结果，孩子们在杰克的带领下，胜利地走了出来。

故事中的杰克是一个很有生存能力和自我保护能力的孩子，而这些能力不是天生的，得益于其父的教育。目前，很多西方国家十分重视孩子的生存教育，从孩子懂事起，就教育他们如何学会生存和自立，并知道在什么情况下怎样保护自己。

孩子是祖国的未来和希望，他们的成长和发展应该受到各方面的特殊保护，国家、社会、学校、家庭都肩负着保护孩子的责任。我国法律也在保护青少年合法权益方面规定了家庭、学校、社会、司法等不同方面的保护措施，但由于环境和条件所限，这些保护有时会出现不及时、不到位的现象，使孩子受到不同程度的伤害。因此，提高孩子的自我保护意识，教给他们必要的保护自己的方法和技巧，可以使他们能冷静地面对侵害行为、自然灾害和意外伤害，保护自己，为自己创造一个安全的学习和生活的空间。

有一名9岁的小男孩放学后，正独自回家，半路上忽被一中年妇女拦住，该妇女声称是其母的好友。"你妈正忙着，让我来接你去玩，汽车就在前面停着。"她一边说，一边还急着想把小男孩拉走。小男孩疑惑地退后，突然机敏地甩出一句："你认识我妈，那她叫什么名字？"妇女一时张口结舌，无言以对。小男孩见状立即转身向不远处的同学呼救并跑了过去，那妇女马上慌慌张张地逃跑了。

社会是复杂的，绝不是像孩子想的那样"一片净土"，针对儿童的一些违法犯罪现象时有发生。作为父母，必须进一步加强孩子自我保护意识的培养。

在湖北某市的一所小学里，有一位学生名叫李明。对于一年前的那次经历，李明至今还记忆犹新。

那天下午，学校难得提早放学，李明看看时间才3点半，就决定去闹市区的书店逛逛。逛完书店已经5点多了，李明来到公共汽车站等车。

过了一会儿，一辆面包车开过来，司机问李明某某小区怎么走，李明详细地为司机指了路，司机又说："如果方便，能不能帮我们带带路？"李明想，某某小区就在自己家附近，帮他们带路，自己也能搭车回家，省得挤公交车了，于是点点头上了车。哪想到，车里的人是一伙人贩子，他们不顾李明的拼命反抗，把车开出了城区。

大概走了两三个小时，车开到一个加油站加油，小明趁一个绑匪去买东西，挣脱束缚跳下车，借着夜色逃向山坳。几个绑匪找了半天没找到，悻悻离去。后来，李明回到加油站，一打听，才知道此地已属另一个县，而李明家在百公里之外。李明借电话打了110报警，民警到来之后，将他安全送回了家。

学习、掌握自我保护知识，保护自己的生命是人生的基础，是迈入社会的第一项根本能力。人生的路很漫长，儿童时期是打基础的阶段，教孩子增强自我保护意识是孩子生存发展的必修课。同时，学习和掌握自我保护知识，也有助于增强孩子与违法犯罪做斗争的信心和勇气。

自我保护能力是一个人在社会中保存个体生命最基本的能力之一。为了保证孩子的身心健康和安全，使孩子顺利成长，父母应该在孩子幼年时就加强对他们的自我保护教育，培养和提高孩子的自我保护能力。

1. 教给男孩发生意外时的应急措施

让孩子懂得应急措施是非常必要的，比如遇到意外，要学会打报警电话，如110、119、120等；要让孩子懂得一些基本的医学常识，比如急救的方法；万一被坏人强行带走，要懂得找机会逃脱等。危险和意外是时时存在的，父母如果不给孩子讲清楚，那么孩子在遇到危险和意外的时候会束手无策，不能及时化解危险。父母要从身边的小事入手，教孩子掌握基本的应急措施。

2. 让男孩掌握家庭安全知识

星期天的早晨，小强的妈妈在电脑上查资料，突然记起厨房里的天然气灶上正烧着水。她让小强去看看，估计水快开了，孩子听话地去了，可是没几分钟就着急地跑过来，让妈妈去看看。妈妈跑过去一看，只见厨房的窗户已经打开了，天然气的火已经灭了，阀门也已经被关上了。

小强说自己进来的时候，水壶里溢出的水已经把火浇灭了，他马上将阀门关闭，打开窗户，妈妈不禁对他竖起了大拇指。小强脸上露出了骄傲的笑容，妈妈也暗自庆幸，多亏平时在安全方面对孩子教育得到位，否则孩子也不会从容地面对了。

可见，让孩子掌握一些家庭安全知识是十分重要的。父母平时做家务时，可以一点一滴地教给孩子有关水、火、电的安全知识，提高孩子的安全意识。遇到紧急情况，孩子同样能发出警告，及时解决。对于生活中不会轻易遇到的安全隐患，父母可以通过讲故事、让孩子观看具有安全教育性质的儿童节目等，让孩子在故事和节目中得到启发，一旦遇到安全问题，可以学会机智应对。

3.创设情景，增强男孩的自我保护意识

父母仅仅跟孩子讲述一些自我保护、自救的方法是远远不够的，父母可以借鉴安全应急演练的方式，在生活中创造一些情景，测试孩子的危险识别能力、反应能力和逃生求救能力，以此来锻炼孩子的应变能力，使其逐渐掌握自我保护要领和具体方法，提高自我保护能力。

星期天，爸爸带小明去动物园玩。由于是周末，动物园里的人很多。这时，爸爸和小明玩起了"失踪"的游戏，他趁儿子不注意的时候，偷偷地溜到一边，看小明会怎么办。

小明正在兴致勃勃地看大象，他一回头发现爸爸不见了，不禁有些慌乱，急忙四处寻找。他向周围看了看，没看到爸爸，这时候他突然想到平日里爸爸教给他的话："遇到事情不能慌乱，要找解决问题的办法。"

于是，他让自己冷静下来，然后根据动物园里的路标提示，找到保卫处，告诉他们"爸爸不见了"，并将事情的原委叙述了一遍。当保卫处的人了解后，通过广播找人帮小明找爸爸。

很快，父子相见了。爸爸先是表扬了小明知道如何保护自己，懂得

多点锻炼，让男孩的内心更强大。

向保卫处寻求帮助，然后根据他的表现，又具体地加以引导和指点，提高了小明的自我保护能力。

学会独立，让男孩自己打理生活

在现代社会中，依靠自我的独立能力去解决问题，主导自己的人生，已经成为一个人立足社会的基础。作为社会中的个体，如果事事依赖别人，缺乏自立能力，不仅会遭到别人的鄙视，而且往往会使自己的人生处于消极被动之中，很难成就大事业，做自己的主人。

独立性是一个成功人士所必须具备的优秀品质，是一个人优良个性的体现。独立的个性是孩子成功的重要基石，可以说，没有独立便难以成功。意大利著名儿童教育学家蒙台梭利曾说："教育首先要引导孩子沿着独立的道路前进。"美国著名教育专家罗伯特博士曾提出现代孩子教育的十大目标，其中第一条便是独立性。一个孩子在长大后要想有所成就，就必须具备独立思考、选择、判断、解决问题的能力，否则是很难适应现代社会需要的。让孩子从小学会独立，是为了使孩子自己主宰自己的命运，从而为孩子的人生奠定立足之本。可是现今的大多数独生子女，在父母过分的呵护和娇惯之下，非常缺乏独立性。甚至有些孩子，除了上学读书之外，生活中的事他们一概不知，这样的孩子将来走上社会，怎么会成功呢？

有一个男孩子智力超常，学习成绩优秀，从小学到中学都是前三名，并提前升入大学，19岁就读完大学本科。大学毕业后，轻而易举地考取了硕士研究生，而且还是第一名。学校领导看他才华出众，认为很有发展前途，于是，学校决定送他到国外留学深造。一般学生要是有这样的机会，自然非常高兴，可这个学生却不一样，当他听到要出国学习的消息后，非常害怕，说："到国外学习，妈妈不能跟我去，谁照顾我的生活呀？"原来他是独生子，从小到大都是由父母照顾他的生活，最起码的生活自理能力也没有。上大学以后，母亲都要每周去学校两次：一是带给他一些好吃的，二是替他收拾床铺、洗衣服袜子，等等。他在学习方面是强者，在生活方面却是弱者。后来，学校送他到北京语言学院进修外语，做出国前的准备。由于他太担心出国以后无法独立生活，每天晚上都失眠，得了习惯性的失眠症。夜里常常在睡梦中惊叫，大呼"妈妈"，到后来，只要有人当他的面提到"出国"二字，他便浑身抽搐，口吐白沫。经多方治疗也未奏效，成为一个废人。有人问医生他得的是什么病？医生说："他得的是古今中外罕见的出国惧怕症。"

上面这个事例不能不引起人们的反思：在教育孩子的过程中，父母是否有意无意地包办了孩子许多力所能及的事情？在重视孩子学习成绩的同时是否忽略了培养孩子的独立性？作为父母，是否在无意中剥夺了孩子成长的权利，限制了孩子的自我发展？

鲁迅先生曾说："子女是即我非我的人，但既已分立，也便是人类中的人。因为即我，所以更应该尽教育的义务，教给他们自立的能力；因为非我，所以也应同时解放，全部为他们自己所有，成为一个独立的人。"鲁迅先生的话正表达了这样一种现代儿童观——子女，是我的孩子，又不完全等同于我，他从母体出来后，已与母体分开，成了人类中的一个独立的人。因为是我的孩子，作为父母就有教育他的义务，而这种教育主要是教给他自立的能力，因为他不等同于我，所以要解放孩子，使他们完全成为独立的人。

我国著名教育学家陈鹤琴先生曾说过："凡儿童自己能够做到的，应该让他自己做；凡儿童自己能够想的，应该让他自己去想。"这是一条符合教育规律的至理名言，不仅对培养孩子的独立性、自理能力很重要，同时也培养了孩子的责任感，使孩子能对自己的生活、行为负责。所以说，如果放手让孩子自己做，孩子将会得到锻炼的机会，父母也会发现孩子的潜能是无穷的；如果父母一直"大手帮小手"，那么孩子将会在无形中被剥夺许多发展的机会。

任何一位父母，都不可能包办孩子的一生。孩子的将来，包括学习、工作以及事业，都要靠他们自己去闯、去努力、去奋斗。而这一切，没有自立自强的意识和精神，是很难取得满意结果的。父母应该明白，独立既是生存的需要，也是孩子成长中的必经一课。只有独立自强的孩子，才更有竞争力，才能成为生活的强者。

1.尊重男孩的独立意识

孩子的人格是落地生根的，每一个孩子都是一个独立的个体。从呱呱坠地到长大成人，孩子就开始拥有自己的独立意识、独立的思考能力，以及对生活独立的看法等，所以父母要尊重孩子的独立意识。

一个男孩在写给妈妈的信中强烈地表达了这样的愿望："妈妈，请把书包给我，我自己能背。尽管我的肩膀柔嫩，但应该担负起属于我的那份责任。妈妈，请撒开你的手，没有你护送，我同样能踏进学校的大门。我早已熟悉通往学校的那条小路，也会避让路上来来往往的车辆。不信，你悄悄随在我的身后，再送上一程，试一试，就会放心了。"

任何孩子都具有独立意识，这种意识是自主自立孩子的先决条件。孩子在很小的时候，就有很强的意识，所以，父母要尊重孩子的独立意识。在孩子主动要求做一些事情时，不要因为孩子小而不予支持，从而导致孩子自己动手的意识在萌芽状态中就被扼杀了。相反，当孩子要求"自己做"的时候，父母就要因势利导，多给予鼓励和赞扬。

2.让男孩热爱劳动

生物学家巴甫洛夫的父亲十分重视孩子的劳动教育。他认为，给孩子一双勤劳的手就好比给了孩子一双立足于社会的脚，没有什么事情是比拥有勤劳更让人愉快的了。

当小巴甫洛夫逐渐长大的时候，父亲把巴甫洛夫带到地里，指着一块翻好的地说："儿子，今天我们来种菜吧。"

"可是爸爸，我不会呀。"小巴甫洛夫说。

"没关系，不会爸爸教你。"

于是，小巴甫洛夫拿着小铲子跟着爸爸种了一天的菜，过了不久，当他们种下去的菜都长出了鲜嫩的叶子，父亲又带着巴甫洛夫来给菜浇水除草。

后来，父亲又教小巴甫洛夫学做木工活。爸爸买来了凿子、锯子，先给儿子做了个精美的小板凳，然后告诉儿子板凳是怎么做出来的，小巴甫洛夫便跟着爸爸认真地学了起来。没多久，小巴甫洛夫就可以自己做简单的家具了。

除了亲手教巴甫洛夫学习种菜、做木工活外，父亲还教他养花、除草、给树木嫁接。巴甫洛夫在父亲言传身教的影响下，从小养成了不怕苦、不怕累、坚持自己动手把活干完的良好习惯。这种从童年培养起来的勤劳和耐性，成为巴甫洛夫在科学事业上取得巨大成功的重要因素。

我国现代著名教育家蔡元培先生曾说："劳动是人生一桩最紧要的事情。"法国著名作家法朗士也说："人类的劳动是唯一真正的财富。"所以劳动对每个人都是很重要的一件事，孩子当然也不例外。从小就培养孩子热爱劳动的习惯，是对孩子自主能力的一个很好锻炼，对其以后的成长和发展起决定性的作用。所以，让孩子参加力所能及的体力劳动，对孩子进行劳动教育是所有父母应尽的职责。

3.让男孩做力所能及的事情

父母不可能照顾孩子们一辈子，因此从小就应该让他学做一些力所能及的事情，比如洗衣服，收拾文具，帮父母拖地、洗碗，等等。只有从小事做起，才能逐渐培养起独立自主的精神。

鑫鑫是个有独立性的男孩，刚上小学的他可以不依赖父母独自处理自己的事情，如自己穿服、吃饭、收拾玩具、叠被子，等等。他还能帮助父母做一些力所能及的家务事，比如，拿碗筷，给客人端茶，帮妈妈拎购物袋等。这都得益于他爸爸从小对他的培养。

鑫鑫爸爸认为孩子是一个独立的个体，所以有意识地从小事入手，让鑫鑫养成独立思考问题、独立处理自己事情的好习惯。

爸爸从来都是让鑫鑫自己整理书包。收拾书包是一项繁复的工作，刚开始，鑫鑫经常丢三落四，但爸爸从不插手，时间长了，鑫鑫吃够落东西的苦头了，就能够做好这项工作了。

铅笔也是鑫鑫自己削。爸爸没有因为怕鑫鑫有割伤的危险就代替鑫鑫削铅笔，而是给鑫鑫选购了卷笔刀，让鑫鑫自己动手。因为铅笔每天都要用，爸爸知道，如果自己代劳，天长日久鑫鑫就不会有"自己的事情应该自己做"的意识。

爸爸让鑫鑫独立完成作业。鑫鑫有的时候因为没有掌握当天的学习内容，在做作业的时候会遇到困难，当他向爸爸求助的时候，爸爸从不直接帮助他，而是让他自己想办法解决，使得鑫鑫不得不认真听讲、认真复习，靠自己掌握的知识来解题。

爸爸还鼓励鑫鑫亲自动手做事。平日里，遇到鑫鑫有动手的好奇心时，爸爸从不因为怕鑫鑫搞砸而不让鑫鑫插手，即使鑫鑫真的搞糟了，爸爸也会鼓励他"下次一定能够做好"。

孩子的独立性是在实践中逐步培养起来的。所以，父母就应放手让孩子锻炼，不要怕他们做不好，也不能求全责备，更不能包办代替。对于孩子独立去做的事，只要他们付出努力，无论结果怎样都要给予认可和鼓励。这样会提高孩子的积极性，增强他们的自信心，增加他们的锻炼机会，养成独立的行为。

4.给予男孩充分的活动自由

有一位父亲，他在孩子3岁多的时候，就每天给孩子一段他可以自由支配的时间，只要不出危险，孩子就可以自己安排做他愿意做的事：玩、看电视、画画、拼图，或者什么也不干……无聊了，他最终还是会主动来找父母，父母就给孩子一些指导性的建议。长此以往，孩子便逐渐懂得了如何安排自己的时间。

孩子的独立性是在独立活动中产生和发展的，要培养独立自主的孩子，就应该给孩子空间，让他有独立思考、独立完成任务的机会，不要什么都给他设计好、准备好了，按照父母的思路去做，看似孩子在独立完成，实际还是父母在帮助他。不少父母以为，孩子还小，不懂得安排自己的活动，但如果父母完全包办了孩子的时间安排，孩子只是去执行，那么孩子的自主性就永远培养不出来了。

5.不过度保护男孩

父母的过度保护会阻碍了孩子独立性的发展。例如，怕地上不卫生，总是将孩子抱在怀中；怕孩子弄脏衣服而拒绝让孩子游戏；怕孩子摔倒受伤而不让他骑自行车；担心有碎玻璃会伤到脚而禁止孩子在沙滩脱鞋；教孩子绝对不要跟陌生人说话……对孩子的过度保护，实质上就是对孩子的过度限制。这种过度的监督和保护只会挫伤孩子的自我观念，在很大程度上削弱了孩子独立自主的能力。原因是父母在对孩子过分的监督和保护的时候，就等于在告诉孩子"你的能力还是不够的"。

一个妈妈正在教她的儿子骑自行车，但是因为怕孩子摔伤，妈妈总是跟在自行车后面，紧紧地扶着车子，但是过了很长时间，儿子还是没有学会骑自行车，于是，儿子伤心地哭起来。后来换作爸爸教儿子，很快儿子就学会了，妈妈问爸爸诀窍，爸爸说："我只是让他自己摔了几跤。"

对孩子过度保护，孩子很难学会独立。孩子在成长的过程中，必须经历一些磨难，这是一种规律。"酸甜苦辣都是营养，生活百味都要体验。"如果把磨难和体验全部省略了，一切都替孩子包办，看上去是顺利了，是舒适了，结果却使他软弱而闭塞，胆怯而无能。所以，父母要适时地放手，让孩子学会独立面对成长中面临的困难和问题。

控制自己的情绪，不做爱发脾气的男孩

拥有控制自己情绪和行为的能力是衡量一个人心理健康的重要标志。善于控制和调节自己的情绪，不仅有助于建立良好的人际关系，培养健全的人格，而且也是社会性成熟的一个重要标志。

人都有七情六欲，情绪的控制对成人来说尚且不易，对孩子来说就更难了。在孩子成长的道路上，最大的敌人其实并不是别人，而是自己，他们缺乏对自己情绪的控制。很多成年人在愤怒时，不能遏制怒火，使周围的合作者望而却步；消沉时，放纵自己的萎靡，把许多稍纵即逝的机会白白浪费掉。成年人尚且如此，更何况孩子了。美国著名心理学教授丹尼尔·戈尔曼说："一个人在社会上要获得成功，起主要作用的不是智力因素而是情绪智能，前者只占20%，而后者占80%。"一个人的成败深受情绪影响。只有让孩子具备积极的控制情绪的能力，他们才能愉快学习、乐于奉献，从而愿意并且能够为自己所处的集体贡献才智，取得成绩，同时在这个平台上自我成长。

艾森豪威尔是美国第34任总统，在他10岁时，父母让他的两个哥哥在圣诞节前去远足，却坚决不同意他去。艾森豪威尔感到十分愤怒，难以控制自己的情绪，他冲到屋外，捏紧拳头在苹果树上猛击。他一面哭，一面打，双拳血肉模糊都没感觉到。最后，艾森豪威尔被父亲拖回家中，但是，父亲并没有呵斥他。

这时，母亲进来给他涂上止痛药，并给他扎上绷带，但是，母亲也没有安慰他。又愤恨又恼怒的艾森豪威尔倒在床上大哭了一个小时。直到他平静后，母亲才进来对他说："能控制自己情绪的人要比能拿下一座城市的人更伟大。发怒是自我毁伤，是毫无用处的，需要好好克服。"

母亲的告诫深深地印在了艾森豪威尔的心中。在76岁时，艾森豪威尔写道："我一直回想起那一次谈话，把它看作我一生中最珍贵的时刻之一。"

情绪控制是一个人人都必须掌握的很重要的能力，孩子随着年龄的增长，应该对自己的情绪学会收放自如，情绪控制不好会影响孩子的注意力、人际交往、适应性和性格，最终影响孩子的生活质量。有研究表明，儿童时期具有的情绪调节能力，而不是他们的智力，是他们以后生活中能否成功、是否快乐的最好预示。

教孩子学会管理自己的情绪实在是一件非常重要的事情，学会控制自己情绪的孩子将会心理更加健康，也容易养成开朗自信的个性，容易和人和谐相处。所以，父母要教会孩子如何管理自我的情绪，使孩子更加独立，更加健康地成长。

1. 教男孩一些调节情绪的方法

从前，有一个脾气很坏的男孩。他的爸爸给了他一袋钉子，告诉他，每次发脾气或者跟人吵架的时候，就在院子的篱笆上钉一根。第一天，男孩钉了37根钉子。后面的几天他学会了控制自己的脾气，每天钉的钉子也逐渐减少了。他发现，控制自己的脾气，实际上比钉钉子要容易得多。终于有一天，他一根钉子都没有钉，他高兴地把这件事告诉了爸爸。

爸爸说："从今以后，如果你一天都没有发脾气，就可以在这天拔掉一根钉子。"日子一天一天过去，最后，钉子全被拔光了。爸爸的方法让这个男孩学会了控制自己的情绪。

孩子是正在成长中的人，他的心智还没有完全成熟，他没有那么多心力来承担成人的喜乐哀愁。父母要以安慰的言辞和关爱对孩子施与同理心，帮助孩子发泄他们的情绪，辅导孩子进行情绪调整。如转移孩子注意力，当孩子在盛怒时，不妨让孩子找个体力活来干，或者干脆跑一圈，这样就能把因盛怒激发出来的能量释放出来。

2.教会男孩适当宣泄不良情绪

李元凯的妈妈曾有这样的经历：

李元凯7岁那年，在重复性的书写练习中感到越来越烦躁，妈妈在一旁的催促更加深了他的负面情绪。结果，他停下来，在纸上用粗线笔画了一个怒发冲冠的女人，又在一旁画了一个泪雨滂沱的小男孩，然后写下"我很烦！"妈妈忍住了训斥儿子的冲动，在这一刹那，她预感到让儿子渲泄出愤懑情绪，比憋在心里要好。于是，她开玩笑地指着那位怒发冲冠的女人说："这个是我吗？哦，画得还真像。"这句"评论"不仅成功地达成了两人间的和平，也让李元凯的注意力从自己的郁闷中转移了出来。从此以后，妈妈专门在家中辟了一块"涂鸦角"——买了块纤维板，专供李元凯张贴涂鸦作品。

人在精神压抑的时候，如果不寻找发泄机会宣泄情绪，会导致身心受到损害。孩子与成人一样常有情绪变化，保持孩子的心理健康必须让孩子适度宣泄。

宣泄就是舒散、吐露心中的积郁，让孩子淋漓尽致地吐露自己的委屈、忧愁、牢骚和怨恨等不快，使其达到心理平衡。所以，当发现孩子有不良的情绪时，父母不要单纯地想着如何制止它，而要想着如何改变它，如何教会孩子正确地宣泄不良情绪。

3.冷处理法对待发脾气的男孩

一次，张女士把儿子从幼儿园接回家后，让儿子自己玩，她做晚饭。可没过一会儿，儿子就跑过来，非要和她一起玩。她告诉儿子，晚饭还没做好呢，如果和他一起玩，爸爸辛苦了一天，回家就没有饭吃。儿子不愿意，大哭大闹，甚至还摔起了东西。看着儿子发脾气，虽然张女士心里很不是滋味，可是仍旧狠心不陪他玩，就把哭闹不止的儿子抱回了客厅。

　　一会儿，客厅里没了动静。张女士赶紧悄悄地走到客厅的门口一看，儿子正抱着玩具熊自言自语："妈妈没时间，你和我玩，好不好？"

　　自此，张女士总结了一条经验，那就是：当孩子大发脾气时，父母甚至可以径自走出房间不理会大发雷霆的孩子，如此一来，孩子就失去观众了，慢慢地自我平息了。

　　孩子由于年龄小，对自己情绪的控制能力比较差，他们时不时地发"小脾气"是常见的事情，有时不见得是什么异常现象，也不需要特别地加以"控制"，父母采取视而不见的冷处理办法，孩子的脾气可能很快就烟消云散，正所谓来得快、去得也快。这时若加以"控制"反而不一定对孩子有什么好处，只要孩子的脾气不是太过火，对别人不造成损害，可以随便由他，这样，孩子就会发现，发脾气并没有什么好玩之处，其脾气可能就会越来越小，最后也许就很少发脾气了。

自我控制，让男孩经得起诱惑

　　爱尔兰剧作家萧伯纳曾说过："自我控制力是最强者的一种本能。"自我控制是一个人意志和毅力的一种锻炼，是智力因素和非智力因素的完满结合，是高尚的道德境界的一种表现，是一个人成功的基础。

　　每个人都具有一定的自我控制力，但自控能力的大小有别，自我控制力强的人思维敏锐、视野开阔，分辨是非能力强。古今中外成大事者，无不拥有自制的品格。

　　很久以前，有个叫张生的生意人，和同乡去洛阳做生意。

当时正是夏天，天气非常炎热，大伙顶着火辣辣的太阳走在路上，一个个全都汗流浃背。正当大家觉得疲惫不堪时，有个旅伴喊道："你们快看啊，前面有一棵大梨树。"大家一听，精神为之一振，立即朝那人指的方向看去，果然，在前面不远的路旁，有一颗枝叶茂密、结满了大黄梨的梨树。于是大家都朝那棵梨树跑了过去。旅伴们站在树底下，有的摘，有的吃，闹闹嚷嚷地吵叫成一片。

张生虽然也饥渴难忍，但他始终没有动树上的一个梨，而是独自在树荫下坐了下来。

一个和他关系非常要好的同乡对他说："你还愣着干什么？这梨又甜又脆，还不赶紧摘几个解解暑气？"

张生摇了摇头，非常认真地回答道："不行，梨的主人没在这儿，哪能这样随便吃人家的东西呢？"

听了张生的这一番话，周围的人都感到好笑，有一个人讥笑他道："这大热的天，连个人影都没有，还找什么主人啊？"

听了同乡们的讥笑，张生用手指了指自己的胸口，态度很是诚恳地说："梨虽然没有主人，难道我自己的心也没有主人吗？"同乡们听了，顿时哑口无言。

从这个故事可以看出，自制力强的人能够控制、支配自己的行动，并能自觉地调节自己的行为。

每个人都需要自制的，孩子也如此。一个孩子如果缺乏鲜明的道德观念和是非意识，不对自己的言行进行适当的控制，任性放纵，为所欲为，就能导致人格偏离和违法犯罪，造成对他人、对社会的危害，最终就会影响到他的健康成长。

一天放学，小威到同学王立家玩。王立说他爸爸从深圳给他带回来一个夜光钥匙链。天黑的时候，钥匙链表面会发出蓝色的光芒。

小威非常羡慕王立有这么好的钥匙链，他很想看看王立说的夜光钥匙链到底是什么样子，可王立从不许任何人动他的抽屉。这时，碰巧王立的妈妈要王立上街买东西。

等王立下楼后，好奇心使小威打开了抽屉，拿出了钥匙链，将屋子里的日光灯关掉。"哇，好漂亮的钥匙链！"小威想，"要是自己有一个那该多好啊！"他这样想着，就把钥匙链放进了自己的兜里。

小威之所以拿走了王立的钥匙链，是由于他抵制不住诱惑而做了错事，这说明他的自制力很差。所以，作为父母，应该强化孩子这方面的培养。为了让孩子健康成长，父母不仅要给孩子自由的成长环境，还要从小注意对孩子自制能力的培养，对于孩子健全的人格和优良的道德品质的形成非常重要。

哈佛女孩刘亦婷的妈妈就非常注意从小培养孩子的自制力。她认为：有的人管得住自己，有的人管不住自己。管得住自己的人不仅不会沦为"人渣"，还有可能成为"人杰"。管不住自己的人却恰好相反。既然我希望婷儿朝"人杰"的方向发展，当然要把她培养成一个管得住自己的人。所谓"管得住自己"，就是有足够的自制力推动自己做该做的事，并阻止自己不做不该做的事。

为了强化女儿的自制力，刘亦婷的妈妈经常在下班的路上把女儿带到商场门口，然后让她选择："如果你不喊我买东西，我们就进去逛，如果你喊我买东西，我们就不进去。你选择吧！"当她表示"妈妈，我不喊你买东西"时，妈妈就带着她在商场里到处逛，教她认识各种物品。

这对只有几岁的小孩来讲，要克制各种物质的欲望是很难的，但是，长期多次地重复这种克制欲望的过程，对于培养孩子的自制力有着极大的好处。

自制力是孩子具有良好教养的一种表现，它的养成对于孩子的将来有着极为重要的影响，所以父母要想办法培养孩子的自控能力。

1.让男孩学会延迟满足

延缓满足是测定孩子自我控制水平的一种手段，缺乏自制的孩子常常不能等待一段时间以得到自己更想得到的东西。

20世纪60年代，美国心理学家沃尔特·米歇尔做过一项实验：让一些四岁的孩子单独待在小房间里，发一颗糖果，告诉孩子可以马上吃掉，如果等研究人员回来再吃可以奖励另一颗糖果。有些孩子立即吃掉糖果，有些孩子则能忍住冲动，坚持到研究人员回来才吃。14年后的追踪研究发现，立即吃糖果的孩子在青少年时期显得缺乏自信、与同伴相处不好；而等到最后才吃糖果的孩子则有主见、学业出众、人际关系佳。

这项实验说明，能够延迟满足、有高自制力的孩子长大后更容易获得成功。他们为了追求更大的目标，能经得起眼前的诱惑，能坚持耐心等待，这些正是高自制力的具体表现。相反，缺乏自制力的孩子，有研究证实他们长大后坚持学习的动力相对不足，较容易出现行为偏差问题，比如网络成瘾、中途辍学、未成年怀孕，等等。

然而，在现实生活中，不少孩子常常缺乏自制力，他们在家里常常是以自我为中心的，自己需要什么就得马上得到。如果不能达到自己的要求就会大呼小叫，让所有人不得消停。这种情况如果得到不正确的引导和教育，长大后就可能要承受"恶果"。所以说，百依百顺、有求必应对孩子是无益的，让孩子学会等待与延迟满足，才是一生幸福的基础。

在孩子的成长过程中，父母需要从生活中一点一滴的小事做起，培养孩子耐性，技巧就在于"延迟满足"，让孩子学会等待，学会通过自己的努力，得到自己想要的东西，帮助孩子提高自控能力，学会忍耐、坚持不懈地朝着目标努力。例如，对每次都把零花钱很快花光的男孩，父母可以说："如果你能忍住一星期不花零花钱，下周可以加倍给你，你可以攒起来买你需要的大东西了。"这样一来，男孩就学会了等待，学会了忍耐，克制了自己花钱的冲动。

再如，一桌晚餐摆放在桌上，男孩的爸爸还没有回来，男孩就嚷着要吃，妈妈不要立即满足他。可以这样对男孩说："爸爸的肚子也很饿呀！可还在辛苦工作。我们等爸爸回来，一家人在一起吃饭，那该多幸福呀！"在这等待的过程中，男孩忍住自己的饥饿，期盼着爸爸的回来。这既是对男孩忍耐性的考验，也是教育男孩学会分享、关爱他人的良机。

2.给男孩订立规则

父母给孩子制定规则，用规则约束男孩的行动，让男孩按照规则行事，就会提高孩子的自制力。比如，制定孩子玩游戏的时间、看电视的时间。规则一旦定下来就不许变动，父母和孩子都要遵守。当孩子行为不合规则的时候，父母就要跟他讲道理，告诉他，他越界了。

> 有一位父亲曾经要求自己的儿子："你早上必须按时起床，否则我会认为你不打算吃早餐了，你要学会为自己的行为负责。"
>
> 有一次，儿子起床晚了，超过了父亲所规定的时间。当他来到餐桌前，父母早已收拾好了一切，并把他的早餐收走了。
>
> 儿子看着爸爸，似乎想为自己的过失辩解一番，爸爸对他说："真遗憾！我也很想把牛奶和面包留在你的位置上，但我们以前有过约定，我不能随意破坏它。"

给孩子订立规则，并要求他持之以恒地执行规则，对于自制力的培养十分有益。孩子不经过磨炼是不能学会自制和自律的，让他吃点小苦头，却能培养出让他终身受益的自制力。父母切不可过于溺爱孩子，动摇了立场，而使孩子得过且过，这样做最终受害的是孩子。

3.让男孩掌握一些必要的克制技巧

（1）注意力转移法。在受到不好的刺激时，孩子可以先想点或干点别的事情。如俄国著名作家屠格涅夫劝人在吵架将要发生时，必须把舌头在嘴里转上10个圈。

（2）心理暗示法。积极的心理暗示可以用来形成过人的意志力。比如，当孩子坚持不下去时，告诉自己："我一定行，只要坚持！""太棒了，我又完成了一道题！还有三道题，我就大获全胜了！"等等。

（3）回避刺激法。当孩子遇到可能使自己失去自制力的刺激时，应竭力回避。如隔壁有人骂我，就不侧耳去听，而是外出散步。这样就避免发怒造成冲突。

（4）积极补偿法。如果孩子自己要做一件自己很不擅长的事情或者很不喜欢的事情时，就告诉自己如果我要是完成了，就对自己实施一些奖励来补偿自己，比如看一部喜欢的电影，买一本盼望已久的图书，等等。

学会竞争，让男孩成为竞争高手

希腊船王奥纳西斯说过：要想成功，你需要朋友；要想非常成功，你需要的是比你更强大的对手！当今社会，竞争无处不在。企业在竞争、人与人之间也存在竞争，谁落后谁就处于被动的地位。培养孩子的竞争意识，增强孩子的适应能力，这是社会发展的需要。"有竞争才有进步。"只有力争上游，不断地修正自己，不断地学习、探索，才能学得更多、更好，才能立于不败之地。

刘烨初中毕业后，从农村来到市里的重点高中上学。由于以前学校的教学质量不是很好，所以他进入重点高中之后，就显得不能适应了，尤其在英语课上，他觉得自己总是听得云山雾罩，不知所措。

第一学期期末考试，他竟然没有一门功课及格，最惨的一科是英语，只得了36分。这一打击对刘烨来说太大了，他觉得农村孩子始终比不上城市孩子，开始自卑和苦恼起来。于是，他就到小说里面寻找自己的"心灵寄托"，寻找一些虚无缥缈的感觉，并沉溺其中不能自拔。结果成绩更是一团糟，还差点儿被学校开除。他觉得自己与其在这里丢人现眼，还不如放弃学业。

爸爸知道他的这个想法之后，就对他说道："什么？放弃学业？这同在战场上当逃兵有什么两样？即使你暂时能够逃避学习的竞争，步入社会后，你还能逃避的社会竞争吗？难道你真想一辈子当一个逃兵？"爸爸的这句话，一下子激起了刘烨强烈的自尊心。"逃兵？我怎么会是逃兵呢？逃兵会被人说三道四的，我绝对不做逃兵！"就这样，刘烨为了不让自己成为逃兵而树立了坚定的信念，开始刻苦学习。

其实，刘烨并不是个笨孩子，刚开始成绩不好，只是因为他还没有适应新的环境。自从他树立了竞争意识以后，就不甘心学习落后于人，决心超过别人，他的成绩也自然提高了。高考的时候，他以令人满意的高分打破了学校有史以来的最好成绩，进入了自己向往已久的大学。

从这个事例人们可以看出，如果刘烨在暂时落后的时候，不想和别人竞争，一味地逃避，那么他就不会得到后来这样好的成绩，只能是个"逃兵"。所以，父母必须教育孩子面对现实，让他们知道有竞争就会有成功者和失败者，任何试图回避或逃避竞争的做法都是错误的。培养孩子的竞争意识，鼓励孩子参与竞争，对于孩子的健康发展具有重大意义。

在生活中，父母要鼓励孩子拼搏精神和竞争意识，在学习科学文化知识中要不甘落后，敢于脱颖而出；在人生道路上，要敢于冒尖，争当"出头鸟"。不难想象，一个缺乏竞争意识，学习成绩平平，不积极进取的孩子是很难赢得同学的尊重和好感的。

1.激发男孩的竞争意识

有些孩子天生胆小、怕事，不喜欢群体活动，不愿意参加竞争，这就需要父母激发孩子的竞争意识，让其主动参加到竞争活动中。

小力是个十分胆小的孩子，不喜欢参加任何集体活动，更不愿意加入有竞争的活动之中，他的父母很担心孩子会养成胆小懦弱的性格，于是就想办法鼓励他参加比赛。小力的短跑很棒，妈妈知道他特别想要一个新书包，就告诉他说："学校里举行运动会，如果你参加短跑比赛获得名次，妈妈就奖励你一个新书包。"妈妈的话激发了他的竞争意识，从没有参加过任何比赛的小力，在运动会中获得了同年级短跑比赛的第一名。妈妈履行诺言，给小力买了一个新书包。

父母要想激发孩子的竞争意识，有时可以用孩子最迫切需要的东西进行激励，要让孩子从最擅长的方面入手，这样孩子就能轻而易举地在竞赛中获得好成绩，从而增强孩子参加竞争的热情。

2.帮助男孩端正竞争的心态

培养男孩的竞争意识，鼓励男孩参与竞争，对男孩的健康发展具有重大意义。很多父母也知道让男孩早日明白竞争的意义，了解竞争的重要性是非常有必要的，于是他们通过各种措施鼓励孩子参与竞争。但是，如果家长盲目地鼓励孩子竞争，却没有让孩子领会到竞争的意义，那么对孩子的发展不但起不到推进作用，还会导致孩子陷入恶性竞争。当孩子成功时，他可能会变得骄傲自满。轻看别人，而当孩子失败时便怨天尤人，甚至仇恨竞争对手，严重的还会做出伤害他人的举动，走向了歧途。

张铎从小学习优异，但是，上了高中以后，尽管他学习仍旧努力，但在班上才进入前十名，他很不甘心。他留恋小学、初中时期的辉煌，留恋名列前茅的感觉。他要想办法找回初中时"领跑"的感觉。

因为缺乏正确的竞争心理，张铎进入了思想的误区。他见不得别人比自己好，一旦身边的朋友考试成绩胜过自己，他就会觉得心里不舒服，疏远人家，排挤人家。为此，班上的同学越来越不喜欢跟他交往。

慢慢地，张铎陷入了孤独无援的境地，他的心态越来越忧郁，而他的学习成绩更是每况愈下。

可以说，非正常的竞争心理导致张铎对事物、对成绩不能形成正确客观的认识，最终走入了偏见，产生怨天尤人的思想，影响他与其他同学的正常交往。对张铎来说，这种伤害是致命的，它可能会因此影响张铎一生的发展。

竞争，需要一种健康心理状态，但若不能正确引导，就会使人误入歧途。因此，作为父母，要想孩子对自己形成客观、正确的认识，应该从小培养孩子正确、健康的竞争心理，只有这样，孩子才有可能在失败中崛起，走出苦闷的心理困境。对于一些竞争欲望过于强烈的孩子，父母要帮孩子端正心态，让孩子明白竞争是展示自身实力的机会，是件美好的事，要用从容的心态看待超越和被超越，不应充满妒忌和愤懑。父母还要启发孩子在竞争中表现出高尚的情操，不要以打击对方的方式来达到自己的心理平衡，让孩子认识到竞争不应是阴险和狡诈、暗中算计人的，而应是齐头并进、相互学习、以实力取胜的。

3.引导男孩正确面对竞争的胜败

刘炳瑞是一名初二的学生，他喜欢各项活动，也喜欢与大家一起比赛。但是，刘炳瑞有个不好的毛病，就是如果自己比赛输了，就会心情郁闷，不爱说话，好多天后心情才能调整过来。而只要心情一转好，他又会参加下一轮的竞争、比赛。

妈妈很怕刘炳瑞参加比赛，但如果不让他去又怕影响他的身心健康发展。妈妈就耐心地开导刘炳瑞说："比赛有赢就有输，输了要能面对和接受，心情不好不能解决任何问题。应该吸取经验，发奋努力，争取下次的胜利。你想想我说得对吗？"听了妈妈的话，刘炳瑞认真思考了一下，冲着妈妈一乐，说道："我知道应该怎么做了，谢谢你，妈妈。"

以后，刘炳瑞不再为失败烦恼了。他依旧喜欢参加竞技活动，喜欢比赛。输了就总结经验教训，发现不足，然后改进，争取下次的胜利。渐渐地，刘炳瑞胜出的次数多了起来。

在竞争中，没有常胜将军，没有哪个人能在各方面都次次取胜。因此，父母应该引导孩子正确地对待失败和挫折，知道强中自有强中手。多让孩子接受一些挫折教育，能培养孩子的意志，让孩子感到失败并不可怕，只有在失败之后及时地调整自己的心态，消除不必要的紧张、忧虑和自卑等消极情绪，才能争取到下一次的成功。

4.不要挫伤男孩的竞争积极性

刘明5岁，但他常和妈妈说："我今年要得十朵小红花，我一定要超过刘军。"妈妈每次听到他讲目标，都会鼓励他说："在妈妈心中，你是最棒的，一定可以超过别人。"一天，他高兴地对妈妈讲："今天我得到小红花了，刘军一朵也没有。"妈妈赶紧说："是吗？那你又超过了他一次，今年拿红花的总数肯定会超过他。"刘明非常得意地把小红花贴在了墙上，作为他的战利品。

一般父母常犯的一个错误是，当男孩兴高采烈地对父母说自己进步了时，父母却抱怨他进步得不够，而给他提出更高的目标。父母的行为常会打击男孩的竞争意识，让男孩不愿再进取。所以，无论男孩是否取得了成绩，都要给予赞扬，不要轻易打击男孩的积极性。男孩愿意与人竞争，而且是正当竞争，没有耍花招，父母也应给予夸奖。

适者生存，让男孩更好地适应周围环境

有这样一则寓言故事：

有一天，狂风刮断了一棵大树，大树看见弱小的芦苇却没有一点损伤，就问芦苇："为什么这么粗壮的我都被风刮断了，而这么纤细的你却什么事也没有呢？"芦苇回答："我知道自己软弱无力，就会低下头给风让路，避免了狂风的冲击；而你却仗着自己强硬有力，拼命抵抗，结果被狂风刮断了。"

这则寓言虽然短小，但却给人们深刻的启示：当自己不能改变环境时，一定要低下头，改变自己。

任何人都不可能离开环境而生存，在无法改变环境时，只有改变自己，努力去适应环境。达尔文曾经说过："不要期待环境为你而变，而要争取尽快地改变自己来适应环境。"人不可能一直生活在自己意愿的环境中，当生存的环境变得越来越艰难时，要懂得改变自己去适应它。如果环境不利于自己，还要强行让外界适应自己的话，就可能会花费巨大的代价。所以说，与其试图让改变环境适应自己，不如改变自己去适应环境。

周启明大学毕业时，被分配到了一个偏远的小山区当教师，不仅条件差，工资更是少得可怜。其实，周启明在校成绩不错，擅长写作，还曾担任过学校文学社的社长。现在被分到这样一个地方，他整天愤愤不平，对工作没有热情，连一向爱好的写作也没了兴趣。整天琢磨着跳槽，幻想能有机会调到一个好的工作环境，拿到一份优厚的报酬。两年过去了，他的工作没有任何起色，写作也荒废了，他也变得更加郁郁寡欢。

这天，学校开运动会，连附近的村民都来观看，小小的操场被围得水泄不通。他来晚了，站在后面，踮起脚也看不到里面热闹的情景。这时，身旁一个很矮的小男孩儿吸引了他的视线，只见他一趟趟地从远处搬来砖头，在那厚厚的人墙后面，耐心地垒着一个台子，一层又一层，垒了半米多高，他才登上台子，还冲周启明粲然一笑，掩饰不住的是成功的喜悦和自豪。

刹那间，周启明的心被震了一下，操场上的环境已经不能改变了，自己只是站在外面唉声叹气，抱怨自己来晚了。而小男孩儿，却懂得垒一个台子，改变自己的高度，去欣赏比赛。自己一直在抱怨被分的地方是多么差劲，但是不曾想到改变自己，他为自己以前的做法感到惭愧。

从此以后，周启明满怀激情地投入工作中，踏踏实实，一步一个脚印。很快，他便成了远近闻名的教学能手，编辑的各类教材接连出版，各种令人美慕的荣誉纷纷而至。两年后，周启明被调至自己颇喜欢的一所中专任职。

由此可见，只有不断调整自身适应环境，才能获得巨大发展。与其强求外在环境的改变，不如像周启明一样，先从自己开始改变。与其强求环境适应自己，不如先改变自己，主动去适应环境，创造机会。所以说，人不能要求环境适应自己，只能让自己适应环境，先适应环境，才能改变环境。

适应能力是每个人生存和发展的基础，对男孩来说，也是将来能够立足于当代竞争社会的必备能力。而且适应能力强的男孩能够快速适应新环境，接受新事物，并能保持愉快的心情，更快学习到有用的知识。

拿破仑出生在一个没落的贵族家庭，十几岁的时候，父亲把他送到一所贵族学校上学。同学们都很富有，只有拿破仑是个穷孩子，所以，同学们经常嘲笑他。

为此，拿破仑给父亲写了一封信："爸爸，面对同学的嘲笑，我实在是不愿意解释我贫困的原因了。他们唯一高于我的就是金钱，难道我应该在他们面前继续谦卑下去吗？"父亲回信写道："我们虽然没有金钱，但是我们要有骨气。你要在那里学习知识，也要适应那里的生活环境。"

面对父亲的回答，拿破仑坚定了自己的想法：我既然不能离开这里，我就要努力使自己得到名誉、技能、地位、财富，做出一番成绩来给这些嘲笑我的人看一看。

在5年的时间里，当那些有钱的孩子挥霍金钱和时间的时候，拿破仑却在刻苦读书，积累了丰富的知识。

后来，拿破仑当了兵，由于他学问很好，慢慢受到长官的赏识和肯定。由于他知识丰富，他打了很多胜仗。最后，拿破仑成功迈上了军事统领的道路。而那些曾经嘲笑他的人，却成了他的部下和拥护者。

试想一下，如果当初拿破仑的一封信让父亲心软了，那么，恐怕就没有拿破仑后来的伟大成就了。所以，父母不要对男孩一味地保护和偏袒，而是要鼓励他，既然改变不了环境，就试着改变自己，将现实中令人不满意的成分降低到最低限度。

适应能力是一个人走向成功的重要因素之一。男孩总要长大走出家门，迈进校门，走向社会，其适应能力好坏将直接影响他的一生。因此，让男孩学会适应，是当代父母必修的家教课题。

1.带男孩多接触新环境

在生活中，很多父母为了保证孩子的安全，就把孩子留在自己的身边，不允许孩子出门，这就减少了孩子学习适应新环境的机会，孩子适应新环境的能力培养也就无从谈起了。所以，父母应多带孩子接触外界，比如去陌生的公园或游乐场，去陌生的场合多见见陌生的人。有机会接触陌生的环境和陌生的人对孩子适应能力的提高大有益处。

3岁的斌斌第一天上幼儿园，很喜欢参加集体活动，表现出比其他孩子更好的适应能力。原来，在进入幼儿园之前，斌斌的妈妈就做好了一切准备。

妈妈经常对斌斌说，幼儿园有很多小朋友一起玩，还有很多好玩的玩具。所以，斌斌一直都期待着能早一天进入幼儿园。妈妈还专门带斌斌去幼儿园参观教室，熟悉老师，并和老师做好了沟通工作，以消除斌斌胆怯的心理。

男孩面对新环境时，都会感到陌生、不习惯，而斌斌妈妈的这种做法，让他提前感受到了幼儿园的集体生活，也让他提前熟悉了新环境，所以，他才产生了希望进入幼儿园的意愿，并表现出较强的适应能力。

男孩入学或更换班集体时，父母要帮助男孩调整好心理，做好迎接新环境的准备。父母还要和老师做好沟通，让老师了解男孩的性格特点，这有助于老师更有针对性地教导他。

2.培养男孩的心理适应能力

面对未来复杂多变、竞争激烈的社会环境，只有具备较强的心理适应能力，才能够获得更充分的生存与发展的空间，才能够成为社会所需要的合格人才。所以，父母要培养孩子的心理适应能力，让孩子更好地适应社会环境，对自己所处的环境做出积极的反映。

> 恒恒的老家在农村。两年前，恒恒父母到北京打工，恒恒留在乡下和爷爷奶奶在一起。父母不在身边，老人对孙子格外小心，除了上幼儿园，他们从来不敢放恒恒出去。每天都是幼儿园、家两点一线。恒恒也习惯了和爷爷奶奶在一起。最近，恒恒父母把他接到北京读书，可是转学没过几天，恒恒就开始"闹病"了。一到学校恒恒就胃口不好，胸口发闷，常给妈妈打电话，说心里难受，想家。恒恒的老师说，恒恒在班上从不和其他同学说话，下了课总是自己一个人躲在角落看大家玩。

许多孩子在熟悉了原有环境时，面对一个新的陌生的环境，内心会本能地抵制，不愿意接受新环境。从心理学角度说，恒恒的"闹病"是因为他遇到了适应困难，心理压力跑到身体上来了。所以，父母要培养男孩的心理适应能力，让孩子更好地适应社会环境，对自己所处的环境做出积极的反映。

培养男孩的心理适应能力，可以先从培养和锻炼男孩的人际交往能力开始，让男孩养成遵守规范、乐于合作的意识和习惯，多与同伴交流，并告诉男孩一些与人交往的技巧，增加男孩交往的机会，让男孩自己去克服心理问题，理解大多数人的想法和做法。

3.让男孩明白，改变不了环境就改变自己

哈佛大学里有一位著名的经济学教授，凡是他教过的学生，很少有顺利拿到学分毕业的。原因在于，这位教授平时不苟言笑，教学古板，留的作业既多且难，学生们不是选择逃学，就是打混摸鱼，宁可拿不到学分，也不愿多听教授讲一句。但是，这位教授可是美国首屈一指的经济学专家，国内几位有名的财经人才都是他的得意门生。谁若是想在经济学这个领域内闯出一点儿名堂，首先得过了他这一关才行！

一天，教授身边紧跟着一名学生，二人有说有笑，惊煞了旁人。后来，就有人问那名学生说："为什么天天围着那古板的老教授转？"那名学生回答："你们听过穆罕默德唤山的故事吗？穆罕默德向群众宣称，他可以叫山移至他的面前来。等呼唤了三次之后，山仍然屹立不动，丝毫没有向他靠近一点点；然后，穆罕默德又说，山既然不过来，那我自己走过去好了！教授就好比是那座山，而我就好比是穆罕默德，既然教授不能顺从我想要的学习方式，我只好去适应教授的授课理念。反正，我的目的是学好经济学，是要入宝山取宝，宝山不过来，我当然是自己过去喽！"

后来，这名学生果然出类拔萃，毕业后没几年，就成为金融界了不起的人物，而他的同学，都还停留在原地呢！

适应环境不是一味地"顺从环境"，而是根据环境改变自己、调节自己，让自己和环境保持协调。一位哲人曾经说过："改变自己事半功倍，改变环境事倍功半。"所以，父母要告诉男孩，在人生的路上，外部环境并不在自己的掌控之中，唯有不断改变自己，让自己适应现实的环境考验，才能在新环境中赢得一席生存之地。

学会反思，善于自省的男孩才能完善自己

自省即自我反省，它是一个人得以认识自己、分析自己，并有效提高自己的最佳途径。自省，是对自己的行为思想做深刻检查和思考、修正人生道路的一种方法。懂得自省，人格才能不断趋于完善，人才能慢慢地走向成熟。通过自省，做人才会越来越成功，生活才会越来越幸福。

法国牧师纳德·兰塞姆去世后，安葬在圣保罗大教堂，墓碑上工工整整地刻着他的手迹："假如时光可以倒流，世界上将有一半的人可以成为伟人。"一位智者在解读兰塞姆手迹时说："如果每个人都能把反省提前几十年，便有50%的人可能让自己成为一名了不起的人。"他们的话，道出了反省之于人生的意义。

对成人而言，具备自我反省的能力，就能正确地认识自己的优缺点，自尊、自律、有计划地规划自己的人生。在遇到困难和挫折时，能够及时调整自己的情绪，积极进取，渡过一次次难关，一步步走向成功。对于孩子来说，学会自我反省，更是关系到他们当前的良好发展和日后的人格塑造。一个不懂得自我反省的孩子，永远不会懂得自己的过错与不足，这只能为他们的成长平添许多障碍与烦恼，反之，当孩子学会了内省，便能做到"扬长避短"，获得良好的进步和发展，从而成为一个自信、自立、自律的人。只有这样的人，才能顺利地越过成长过程中的障碍，抵达成功的彼岸。

有个男孩叫斌斌，他上了礼仪课之后十分懂礼貌，每次见到爷爷奶奶都要问候："爷爷奶奶好！"有一天，妈妈带他出去玩，他在路上看到了邻居家的爷爷奶奶，就很有礼貌地说："爷爷奶奶好！"爷爷奶奶很高兴地说："斌斌可真有礼貌！"

爷爷奶奶走远后，斌斌就不屑一顾地说："这些老头老太太就喜欢这个，跟他问声好就乐得不得了。"妈妈听了十分生气地说："你在人前表现出来的礼貌，都是做给谁看的？"斌斌说："是你和老师这样要求的啊！"妈妈说："这叫作言行不一！"斌斌说："我已经很懂礼貌了，又没有当面说他们什么。"妈妈说："这不完全是你的错，也有我对你教育不到位的地方。今天回去我们先不吃晚饭了，一起反省，看看自己错在哪里。"

回到家，妈妈果然没有做晚饭，而是在房间里思考自己在教子方面的不当之处。斌斌这才意识到了自己言行不一的严重性，他在房间里坐了一会儿，然后找到妈妈说："妈妈，我不该背后说爷爷奶奶的坏话。"妈妈说："妈妈一直只教你懂礼貌，却没有教你用真诚心待人，所以这不完全是你的错。"

"妈妈我错了，我不是真的懂礼貌，只是为了换得爷爷奶奶的赞扬而已。"斌斌说。"好了，你已经认识到自己的错误了，记得以后要表里如一。"斌斌使劲点了点头。

虽然斌斌言行不一，但可贵的是他能通过反省认识到自己的错误。一个不会自我反省的孩子永远也长不大。只有通过反省，孩子才能及时修正错误，并且不断地调整自身对于外界信息掌握的灵敏度和准确度，以确保能正确把握自己的生活和学习。

自我反省是认识自我、发展自我、完善自我和实现自我价值的最佳方法。父母不妨在每天结束时，让孩子好好问问自己下面的问题：今天我到底学到些什么？我有什么样的改进？我是否对所做的一切感到满意？如果孩子每天都能改进自己的能力并且过得很快乐，必然能获得意想不到的丰富人生。真诚地面对这些提出的问题就是反省，其目的就是让孩子不断地突破自我的局限，省察自己，开创成功的人生。

1.给男孩反省的机会

小欣做错了事，不听妈妈的好言相劝，反而大发脾气，将玩具摔在地上，并且躺在地上号啕大哭。小欣妈妈面对儿子的这种行为，不是大声地加以训斥，也不是向儿子迁就讨好，而是用冷静的口吻对他说："妈妈请你自己好好想一想，这种行为对不对？想好了找妈妈谈谈。"说完坐在一旁观察儿子的反应。

过了不久，小欣起身走到妈妈跟前，面带愧色地对妈妈说："妈妈，我要做个好孩子，刚才是我不对。"这时，妈妈才亲切地抱起孩子深情地给他一个吻，并告诉儿子刚才发生的事情错在哪里，然后母子俩一同收拾好地上的玩具。

当孩子做了错事时，父母不要直接责备孩子，对孩子进行教育，可以先把这件事情放在一边进行冷处理。同时，父母要在对待孩子的态度上表现出沉默、静候的状态，让孩子通过父母的态度意识到自己行为的错误。

2.引导男孩进行自我反省

叔叔送给洋洋两条美丽的小金鱼。洋洋十分喜欢，把鱼儿放在玻璃缸里，看它们在水中自由地畅游。有一天，洋洋突发奇想，把小金鱼从水中捞出来，丢在地板上。看到小金鱼不停甩动尾巴，洋洋觉得很好玩。

"洋洋，你怎么这么残忍！鱼会干死的，赶快把它们放回水里去。"爸爸看到这一情景，大声呵斥洋洋。洋洋无动于衷，对爸爸的呵斥置若罔闻。这时，妈妈走过来说："洋洋，如果你口渴时不给你水喝，你会怎样呢？"

"我会很难受。"洋洋有过口渴难耐的经历，便不假思索地说。

"是啊，没水喝很难受，可你把鱼从水里抓出来丢到地上，让它们没水喝，你说它们难不难受啊？而且，鱼是水生动物，比人类更需要水，一旦离开水，会很快死的。它们拼命甩动尾巴，是因为它们太难受了。"外婆开导洋洋。

洋洋不作声了。沉思了片刻，洋洋对妈妈说："我错了，我以后再不把小金鱼丢到地上玩了。"

孩子的成长是一个不断犯错、不断改正的过程。当孩子犯有过错时，有些父母往往不能容忍，一味责备孩子，甚至打孩子，结果往往事与愿违。如果父母能心平气和地启发孩子，不直接批评他的过失，孩子会很快明白父母的用意，愿意接受家长的批评和教育，而且这样做也可让孩子进行自我反省，明白自己的过失。上例中的洋洋在母亲的引导下，对自己的行为进行了反省，最终认识到了错误。

3.让男孩自己承担犯错的后果

周日，小刚和几个小朋友整整玩了一天，晚上，他又不肯早点睡觉，看电视直到11点。结果第二天早上，他没有按时起床。

上学的时间已经过了，妈妈发现小刚还在睡觉，但是，她没有叫醒他。当小刚像平常一样背着小书包来到学校时，他发现同学们已经上完一节课了。结果可想而知，他被老师狠狠地批评了一通。

回到家后，心情沮丧的小刚开始埋怨妈妈没有叫他起床，这位聪明的妈妈对儿子说："小刚，明知道第二天上学，你为什么不早点睡觉？你总习惯别人提醒你做你自己的事，但别人是不可能一辈子提醒你的。你要学会自己提醒自己，做错事后自己反省自己的错误！"

从此以后，小刚很少犯同样的错误。

孩子犯了错误时，许多父母往往喜欢替孩子承担做错事的后果，这种行为是非常不对的。这不仅让孩子失去了责任心，更使他不会反省自己的错误，从而连续地犯相同的错误。因此，明智的父母不要替孩子承担后果，而是应该让孩子自己来承担做错事的后果。

4.启发男孩思考事情的后果

有一次，爸爸带小明去逛街。小明看到了一双带皮毛的漂亮皮鞋，非常喜欢，就吵着要爸爸买下来。爸爸不同意，因为这是一双木头做的鞋子，不适合孩子穿。

小明哭闹着执意要买。爸爸想了想，就对小明说："我可以答应给你买这双鞋子，但是，你要承诺，买了以后你必须穿这双鞋子，否则我就不给你买。"

小明想着可以买自己心爱的鞋子，高兴地答应了。

谁知，鞋子买回来后，小明才发现穿起来会"咯噔咯噔"作响，非常不舒服。如果长时间穿这双鞋子，脚会很累。现在他才知道父亲之所以不让自己买这双鞋子的原因，自己确实太虚荣了，现在穿这双鞋子简直就是受罪。这个时候，小明深深地意识到自己的虚荣，他甚至愿意付出一切代价，只要能不穿这双鞋子。

聪明的父亲看出了小明的想法，他对小明说："孩子，我并不强迫你去穿这双鞋子，但是，你要学会反省自己，不要让自己陷入不良思想的陷阱。"

虽然父亲没有强迫小明再穿这双鞋子，但是，小明觉得应该给自己一个警示。于是，小明把这双鞋子挂在自己房间里容易看到的地方，让它时刻提醒自己不要任性，不要贪图虚荣。

孩子的意志力较差，容易受他人语言、行为的影响，而且孩子容易情绪激动、做事冲动，容易不计后果地做事情，因此父母应该适当地启发孩子思考事情的后果，让孩子进行自我反省。

第六章
世界再寒冷，
也要让男孩心中有阳光

教会男孩生存之前，先教会他微笑

在世界艺术的殿堂里，名留史册的艺术家成百上千，传给后世的作品琳琅满目，但是堪称大师级的作品却屈指可数，具有划时代意义的名作更是凤毛麟角。而在法国卢浮宫博物馆里，却陈列着一幅具有永恒魅力的作品，这就是达·芬奇的代表作《蒙娜丽莎》。蒙娜丽莎以其含蓄迷人的微笑，把人类的美升华到了一种光照寰宇的境界。

微笑是人类最美丽的表情，没有什么东西能比一个微笑更能打动人心的了。微笑不仅会给别人带去快乐，善于微笑的人自己也是一个快乐的人。而快乐会让人们更加有勇气地面对生活、珍惜生活，快乐也是一种生活态度。

有这样一个寓言故事：

有一个忧郁的人来到智者面前问："尊敬的人间智慧者，告诉我吧，如何才能让我跳出忧郁的深渊，在欢乐的大地上尽情玩耍？"

智者："请学会微笑吧，向所有的一切。"

忧郁者："可是，我为什么要微笑呢？我没有任何微笑的理由呀。"

智者："当你第一次向人微笑时，不需要任何理由。"

忧郁者："那么，第二次微笑呢？以后我都不需要任何理由地微笑吗？"

智者："以后，微笑的理由会按它自己的理由来找你。"

于是，忧郁者走了，他要按着智者的指引，去寻找微笑，去付出微笑。

半年过后，一个快乐者来到智者面前。

他告诉智者，他就是半年前那个曾求教于智者的忧郁者。

现在，他的脸上阳光灿烂，充满自信，他的嘴角，总是挂着真诚的微笑。

"现在，你有了微笑的理由了吗？"智者笑问。

"太多了！"曾经的忧郁者说，"当我第一次试着把微笑送给那位我曾熟视无睹的送报者，他还我以同样真诚的微笑时，我发现天是那么蓝，树是那么绿，送报者离去时哼着的歌是那么动听！"

"当我第二次把微笑送给那位不小心把菜汤洒在我身上的侍者时，我收获了他发自内心的感激，我似乎看见了人与人之间流动着的温情，这温情驱散了我内心聚积着的阴云。"

"后来，我不再吝惜我的微笑，我把微笑送给街边孑然独行的老人，送给天真无邪的孩子，甚至送给那些曾经辱骂过我的人。我发现，我都收获了高于我所付出几倍的东西，这里面有赞美、感激、信任、尊重，也有某些人的自责和歉意。这都是人间最美好的情感啊，它让我更加自信、更加愉快，也更加愿意付出微笑。"

"你终于找到了微笑的理由，"智者说，"假如你是一粒微笑的种子，那么，他人就是土地。"

他们相视而笑。

微笑是人们面孔上最动人的一种表情，是人们美好而无声的肢体语言，微笑来源于心地的善良、宽容和无私，表现的是一种坦荡和大度。一旦学会了阳光灿烂的微笑，人们就会发现，生活从此就会变得更加轻松愉快，也彼此欣赏那阳光灿烂的微笑。

一个不会微笑的人是非常可怕的，微笑是人际交往的润滑剂，每个人都喜欢看到一张微笑的脸，它透露着亲和、阳光，给自己一个轻松的心情，别人一个轻松的感觉。所以，假如要获得别人的欢迎，就要给人以真心的微笑。

微笑不仅是一种表情，更是一种感情的流露。没有人会因为富有而抛弃它，也没有人因为贫穷而将它冷落。

微笑是一种最为普通的肢体语言，能够消除人与人之间的隔阂。

飞机起飞前，一位乘客请求空姐给他倒一杯水吃药。空姐很有礼貌地说："先生，为了您的安全，请稍等片刻，等飞机进入平稳飞行后，我会立刻把水给您送过来。好吗？"

15分钟后，飞机早已进入了平稳飞行状态。突然，乘客服务铃急促地响了起来，空姐猛然意识到：糟了，由于太忙，忘记给那位乘客倒水了！空姐连忙来到客舱，小心翼翼地把水送到那位乘客跟前，面带微笑地说："先生，实在是对不起，由于我的疏忽，延误了您吃药的时间，我感到非常抱歉。"这位乘客抬起左手，指着手表说道："怎么回事？有你这样服务的吗？你看看，都过了多久了？"空姐手里端着水，心里感到很委屈。但是，无论她怎么解释，这位挑剔的乘客都不肯原谅她的疏忽。

接下来的飞行途中，为了补偿自己的过失，空姐每次去客舱给乘客服务时，都会特意走到那位乘客面前，面带微笑地询问他是否需要水，或者别的什么帮助。然而，那位乘客余怒未消，摆出一副不合作的样子，并不理会空姐。

临到目的地前，那位乘客要求空姐把留言本给他送过去。很显然，他要投诉这名空姐。此时，空姐心里虽然很委屈，但是仍然不失职业道德，显得非常有礼貌，而且面带微笑地说道："先生，请允许我再次向您表示真诚的歉意，无论你提出什么意见，我都将欣然接受您的批评！"那位乘客脸色一紧，嘴巴准备说什么，可是却没有开口。他接过留言本，在上面写了起来。

飞机安全降落。所有的乘客陆续离开后，空姐打开留言本，惊奇地发现，那位乘客在本子上写下的并不是投诉信，而是一封热情洋溢的表扬信。

是什么使得这位挑剔的乘客最终放弃了投诉呢？在信中，空姐读到这样一句话："在整个过程中，你表现出的真诚的歉意，特别是你的十二次微笑，深深打动了我，使我最终决定将投诉信写成表扬信！你的服务质量很高。下次如果有机会，我还将乘坐你们的这趟航班！"

由此可见，微笑是一种武器，是一种寻求和解的武器。微笑能化解别人的怒气，从而变得友善。无论是在生活，还是在工作中，只要人们不吝惜微笑，往往就能缩短彼此的距离，充满信任、和睦相处。这是因为微笑表现着自己友善、谦恭、渴望友谊的美好的愿望，是向他人表达的理解、宽容、信任的信号。

英国诗人雪莱说："微笑，实在是仁爱的象征，快乐的源泉，亲近别人的媒介。有了笑，人类的感情就沟通了。"确实，微笑可以缩短人与人之间的距离，化解令人尴尬的僵局，沟通彼此的心灵，使人产生一种安全感、亲切感、愉快感。父母要告诉孩子："当你向别人微笑时，实际上就是以巧妙、含蓄的方式告诉他，你喜欢他，你尊重他，他是一个受欢迎的人。这样你在给予别人温暖与鼓励的同时，你也就容易博得别人的尊重与喜爱。"

"真诚的微笑"是有教养的沟通和交往的标志。也许孩子缺乏沟通技巧，拙于人际交往，而"真诚的微笑"一定能够弥补他的某些不足。

有人说，生活是一面镜子，你对着它笑，它也对着你笑。一个微笑面对生活的孩子，总是乐观自信，积极进取的。国外教育学家多罗茜·洛·诺尔特曾说："如果一个孩子生活在批评之中，他就学会了谴责；如果一个孩子生活在敌意之中，他就学会了争斗；如果一个孩子生活在怜悯之中，他就学会了自责……"由此可知，如果一个孩子生活在微笑之中，他自然也就学会了微笑。当孩子学会了微笑，也就懂得了生活的意义。

微笑来自于爱心、来自于真诚。人们的生活中不能没有微笑。当父母们懂得了微笑的重要性后，还必须认真学习微笑，把微笑作为一种能力来培养孩子，使孩子明白，微笑不仅能给自己带来快乐，同时也能感染身边的每一个人，获得更多的朋友，取得更好的成绩，所以，父母要从小给孩子种下微笑的种子，塑造了形象上的亲和力，以此来培养孩子健康的心理和健全的人格。

1.多对男孩微笑

世界上最伟大的力量就是微笑的力量。父母在教育孩子的过程中，不要把自己的不满写在脸上，而应该用微笑的方式与孩子沟通。

有一个这样的例子：

有一个父亲从小就对他的儿子要求很高，从来不给好脸色，即使儿子取得了好成绩也得不到鼓励，更看不到父亲的笑脸，似乎怎么做都不能令父亲满意，致使孩子怀有一种负罪感，总觉得自己对不起父亲，总觉得自己不行，于是便产生极度的自卑、自责，认为自己永远达不到父亲的要求。这种情绪一直伴随他到大学，使他逐渐形成一种偏执的性格，无论在生活中还是在学习上，都有一种挫折感，以至于想轻生。

教育最需要微笑，孩子也需要微笑的父母。因为父母的情绪，父母的脸色，最能直接地在孩子身上起到作用。父母和孩子交谈中亲切的微笑会给孩子无限的理解和信任，让孩子感到巨大的热情和愉悦。微笑传达着一份信任与理解，蕴含着一种真诚与关爱，代表了一份支持与赞许，可谓此时无声胜有声。这微笑印在父母的脸上，更融入了孩子的心中。久而久之，在耳濡目染中孩子也会带着微笑面对现实多彩的生活，无论感到愉悦或失意，无论人生之路平坦或坎坷，无论学业成功或失败，相信孩子只要微笑、平和地直面现实，他们的人生就是富有的，因为生活中还有微笑陪伴，微笑可以给孩子自信，能够面对困难并迎难而上。所以，父母给予孩子微笑的教育，对孩子保持那最真诚、最美丽的微笑吧！

2.让男孩笑对挫折

引导孩子笑对人生挫折，能让孩子以一种积极的心态面对挫折，这样孩子就会发现生活中隐藏着无限的乐趣。

在美国的一座山丘上，有这样一间特殊的房子。这间房子不含任何有毒物，完全以自然物质搭建而成，里面的人需要由人工灌注氧气，它的主人叫辛蒂。

事情发生在1985年，当时她拿起杀虫剂灭蚜虫，却感觉到一阵痉挛，但是，谁又能想到这瓶杀虫剂竟然使辛蒂的后半生毁于一旦。杀虫剂内含的化学物质使辛蒂的免疫系统遭到破坏，从此后就患上了一种叫作"多重化学物质过敏症"的慢性病。

香水、洗发水及日常生活接触的化学物质对辛蒂来说都成了"禁品"，连空气也可能使她支气管发炎。最糟糕的是，这种病目前无药可医。辛蒂承受着常人难以想象的痛苦，她的口水、尿液都变成了绿色，汗水与其他排泄物还会刺激背部，形成疤痕。

终于，1989年，她的丈夫吉姆用钢化玻璃为她搭建了一个无毒空间，18年来，辛蒂听不见悠扬的声音，感觉不到阳光、流水。她躲在特制的小屋里，饱尝孤独还不能放声地大哭。因为，她的眼泪与汗一样，可能成为威胁自己的毒素。

而坚强的辛蒂并没有在痛苦中自暴自弃，因为不能流泪的疾病使她选择了微笑。生活在这寂静的无毒世界里，辛蒂却感到很充实。

1986年，辛蒂创立"环境接触研究网"，致力于化学物质过敏症病变的研究。1994年又与另一组织合作，另创"化学伤害资讯网"，提醒人们免受威胁。目前这一资讯网已有5000多名来自32个国家的会员，不仅发行刊物，还得到美国国会、欧盟以及联合国支持。

如果不能哭泣那就笑一下吧！微笑会战胜恐惧、也会击垮人的依赖性。微笑会让人觉得"幸福的日子又回来了"。笑对人生挫折是一种豪放性格的体现，更是一种宽广胸怀的体现；笑对人生挫折也是一种能力，一种技术。经过培养与训练，经过刻苦的钻研，孩子的这种笑对人生挫折的能力与技术就会越来越强。

3.教男孩在陌生环境中微笑

在一家宠物医院的候诊室里，许多顾客带着宠物准备注射疫苗。没有人聊天，也没有人低声攀谈。时间在候诊室里仿佛特别漫长，在沉默中，人们开始焦躁起来。这时，一位女士带着她9个月大的孩子和一只猫走进来了，她坐在了一位先生身旁，而那位先生坐立不安，不停地四处张望，已经等得很不耐烦了。他突然发觉，那个孩子正抬着头注视着他，咧着嘴对他天真地笑。于是，他不禁也对孩子笑了起来，然后他就跟女顾客聊起这个孩子和他的孩子来。很快，整个候诊室的人都聊了起来，整个气氛从乏味、僵硬转变成了愉快。

这是从一个微笑引出的整体的和谐和愉快！在陌生环境中，如果能让孩子保持微笑，就会得到一种心理上的放松和坦然。所以，父母要让孩子多一些真诚和友善，不用去伪装。当他送出一个微笑时，就会得到一个甚至多个微笑，内心就不会再疲惫和紧张，人与人之间也会变得更为默契。这样，他在陌生的环境里感到的将是融洽和温暖，而非陌生和冰冷。

4.教男孩用微笑面对生活

微笑是对生活的一种态度，跟贫富、地位、处境没有必然的联系。一个富翁可能整天忧心忡忡，而一个穷人可能心情舒畅；一位处境顺利的人可能会愁眉不展，一位身处逆境的人可能会面带微笑……

曾有这样一个小故事：

在百货店里，有个穷苦的妇人带着一个约4岁的男孩在转悠。她们走到一架快速照相机旁，孩子拉着妈妈的手说："妈妈，让我照一张相吧。"妈妈弯下腰，把孩子额前的头发拢在一边，很慈祥地说："不要照了，你的衣服太旧了。"孩子沉默了片刻，抬起头来说："可是，妈妈，我仍然会面带微笑的。"

可能很多读过这个故事的人，都会被小男孩所感动。只有心里有阳光的人，才能感受到现实的阳光，如果连自己都常苦着脸，那生活如何美好？生活始终是一面镜子，照到的是人们的影像，当人们哭泣时，它在哭泣；当人们微笑时，它也在微笑。人生在世，痛苦和挫折在所难免，从小善于微笑的孩子，长大以后必然会用微笑的态度对待生活，用幽默的态度对待遇到的一切困难。所以，父母应教会孩子用积极的态度对待生活，用微笑去面对。

雨果说过："生活，就是理解。生活，就是面对现实微笑，就是越过障碍注视将来。"不要让孩子吝啬他们的微笑，让他们用微笑来面对生活，用微笑来面对每个人每件事，他们就会看到阳光灿烂，迎接他们的也是一路的欢声笑语。

让男孩尽情玩耍，没有什么比快乐更重要

每个孩子都喜欢玩耍，游戏成了他们生活中最大的乐趣，然而很多父母对孩子贪玩、做游戏都很看不惯。因为在他们看来，游戏会占据孩子更多的学习时间，是"不务正业"，所以他们会拉下面孔给玩兴正浓的孩子泼一盆冷水：快去写作业，整天就知道玩、玩、玩！

殊不知，孩子需要游戏和玩耍，就如同草木需要阳光雨露一样，特别是那些被关在书房里、堵在教室里，被沉重的学习负担压弯了稚嫩的脊梁的孩子，多么渴望有一个宽松自由的玩耍空间，就像花草享受阳光一样尽情地、自主地享受玩耍的无穷乐趣！

有位教育专家说："给孩子一块金子，他可能不屑一顾；给他一块泥巴，他会视为宝贝。"这充分说明了"玩"是孩子的"天性"。作为父母，应

该充分认识并尊重孩子的天性，遵循其成长的规律，而不是仅仅站在自己的立场上揠苗助长。

1906年获诺贝尔奖的卡哈尔小时候很贪玩。他酷爱绘画，还喜欢养鸟、舞刀弄剑和玩打仗游戏。他讨厌学校严厉的校规，并把它称为"恐怖统治"。他表现得桀骜不驯，被学校关禁闭是常有的事。

有一次，他决定利用自己学到的知识，造一门"真"的大炮，并向邻居家的小伙伴们大显身手，结果真的将邻居的孩子打伤了。这下可闯了大祸，孩子的父母出来干涉，除了罚款之外，卡哈尔还被警方拘留，挨了三天饿。当他从拘留所出来以后，身为大学教授的父亲把这个顽童狠狠地训斥了一顿，并决定不再让他读书，而是让他去学习手艺，先去学理发，后去学修鞋。

卡哈尔当了两年的学徒。父亲冷静之后，让他回到了家里。父亲开始反省自己，孩子为了一次过失承受了这么严厉的惩罚，似乎有些残忍。他觉得有些对不住孩子，从此他亲自执教，担任了孩子的生物学老师。他领孩子去坟场解剖动物，去坟场寻找骷髅。17岁时，卡哈尔绘制的人体解剖图谱已超过了在大学做解剖学教授的父亲。

科学研究发现：会玩耍的孩子才会学，玩耍可以促进孩子的学习，其实玩耍本身也是一种学习，孩子在玩耍中可以开发智力，锻炼思维能力。孩子贪玩并不是坏事，作为父母应当教孩子在玩耍中学习，渐渐地把孩子的兴趣吸引到学习上来。

中国著名的教育家陈鹤琴先生说："各种高尚的道德，几乎都可从游戏中学得。什么自治，什么克己，什么忠信，什么独立，什么共同作业，什么理性的服从，什么纪律等，这种种美德的养成，再没有比游戏这个利器来得快来得切实。"

俄国教育家马卡连柯说："游戏在儿童生活中具有极其重要的意义，具有与成人活动、工作和服务同样重要的意义。"

捷克教育家夸美纽斯说："游戏是发展各种才能的智力活动，是扩大和丰富儿童观念范围的有效手段。"

"游戏是儿童的天职"，孩子不玩就不能很好地成长。游戏能以各种方式促进孩子的身体健康，创造性的游戏活动有助于培养孩子良好的自

我意识。在游戏活动中，往往无所谓正确与错误，因此孩子常能不受任何失败的威胁，而且他们总是在某种情况上获得成功。这样孩子就自认为自己能干，从而增强自信心。即使是在不顺利时，他们也没有什么思想负担，因此通过游戏，孩子总会把自己看作是成功的、有价值的，这是培养孩子健康的心理及人生观的重要起步，而且这也是培养孩子社会能力的机会。

1. 让男孩按自己的方式玩

父母要让孩子玩出快乐，玩出智慧。在玩这件事上应该充分尊重孩子的选择，让他们按自己的方式自由自在地玩。也许父母花了几百块钱，从商场里买回了一套儿童益智拼图，兴冲冲地抱回家，本以为孩子对它会爱不释手，结果他拿着两个瓶子玩个不停，对新玩具看都不看一眼；也许为了让瘦弱的孩子强壮起来，父母专门去买了一套儿童运动器械，谁知孩子喜欢上了放风筝，父母买的器械堆在房间的角落里蒙上了灰尘……孩子不会因为某件玩具贵而去玩它，也不会因为某种游戏有益而去玩它，他只会凭自己的喜好去玩耍，因此经常与父母的期望背道而驰。也许孩子的选择不一定完全正确，但尊重他的选择就是尊重了他本人，而强迫他玩那些不想玩的游戏，只会让他对游戏厌倦。所以，无论玩什么、怎么玩，一切都应以孩子的意愿为主、父母的意见为辅，不要强行让孩子接受父母的想法。

2. 合理安排游戏时间

过度激烈的、长时间的游戏会使孩子的身体和心理都一直处于亢奋的状态，对他的健康和学习都是不利的。因此，父母应该帮助孩子合理地安排和选择"玩什么"、"怎么玩"和"什么时间玩"，使孩子能够在"玩"中受到教益。比如父母不妨鼓励孩子与年长于他的人对弈，培养孩子的骑车、游泳等基

本技能，还可以经常带孩子郊游、爬山、参观博物馆，用这种"玩"的形式让孩子领略大自然的美景，培养孩子热爱祖国和民族的高尚情操。从而保证孩子在课余时间通过各种不同形式的"玩"使疲劳的大脑得到调节和松弛，能够精神饱满地迎接新的学习任务。

3.做男孩的"最佳陪玩"

不要认为参与孩子的游戏是一件可笑的事情。如果父母随便敷衍，孩子会认为父母并不是真的愿意陪他一起玩耍，他会很扫兴、很伤心，甚至大发脾气，让一场快乐的游戏以吵闹收场。所以，在参与孩子的游戏时，父母应该真正地投入自己的感情，认真、专注的态度才会博得孩子的欢心。

在陪孩子游戏时，父母一定要记住，孩子才是游戏的主角，一旦游戏开始了，就要玩到让孩子觉得满意了为止。不能因为父母自己觉得厌倦了，就单方面强行终止游戏。

另外，在是否参与孩子游戏的问题上，也要具体情况具体分析。如果孩子确实是因为缺少游戏伙伴，或者因为年龄太小无法顺利完成游戏，父母就应该参加进去，帮他完成游戏。而如果孩子只是单纯地因为过分依赖父母而要求父母加入游戏，就可以选择拒绝他，并且抓住机会培养他的独立性。父母可以在一旁看着孩子玩耍，这样孩子就不会缺乏安全感，但不要在游戏中途偷偷走开，否则一旦孩子发现父母不在了，就会更加心神不宁了。

男孩乐观开朗才能快乐地长大

乐观开朗是美好生活的源泉，也是"生活艺术"的最高境界。在这个世界上，唯有一种方法，能让人们感觉到生活都是幸福美好的，那就是保持乐观开朗的心态。乐观开朗的心态犹如一轮太阳，使人们沐浴在温暖的阳光下。

乐观开朗既是一种心理状态，也是一种性格品质，调查显示，乐观开朗的人不仅较为健康，而且婚姻生活较为幸福，事业上也较易获得成功。

美国西部有一个叫作赛迪的小镇，镇上有一个叫约翰的男孩。

约翰是一个很健康很可爱的男孩，他很喜欢运动，并希望以后能成为一位像贝克汉姆那样的球星，然而在他刚进入中学不久的一天，却被医院查出来得了癌症，并且癌细胞迅速恶化了。医生告诉约翰，必须抓紧时间手术，要是不手术的话癌细胞会扩散至全身，那样生命就会有危险了。

于是，约翰在手术中失去了一条腿。

出院后，他并没有像其他人想的那样消沉和萎靡不振，相反，他却很开心，表现得和手术之前一样活跃。在出院的那一天，约翰甚至还拄着拐杖来到了学校，对朋友和同学说："我过几天会安上一条木头做的腿，到那时候，我便会将袜子固定在腿上，而你们没有人能做到。"

足球赛开始训练的时候，约翰就跑去找教练，并对教练说，他想做足球队的管理员。教练答应了他。

在此后练球的几个星期里，约翰每天都准时到球场，准备好教练训练需要的东西。他的勇气和执着和毅力感染了所有队员，大家都很敬佩他。有一天，约翰没有来训练，大家都很着急，到处找他，后来才知道，他的病情恶化了，去了医院。大家得到了一个可怕的消息：约翰的病情恶化成了肺癌，只能活几个月了。

约翰的父母为了让他在剩下的日子过得更快乐，便没有告诉他这个事情。于是，约翰没有住院，又来到了球场上，坚持陪伴着球队，并给他们加油鼓励打起。

正是因为有了约翰的鼓励和支持，球队的队员都很努力，并在几场赛事中都得到了不错的成绩。球队为了庆祝，于是决定送一个有全体球员签名的足球给约翰。可是在宴会上，大家等了很久，都没有看到约翰的出现。

几周后，约翰回来了，他的脸色苍白、无力，显示出病态，但仍旧和以前一样，笑得很开心。大家问他为什么没有来参加宴会，约翰却半开玩笑地说："你们还不知道我正在节食吧？"他的笑容掩盖住了脸上的苍白。其实，那次约翰的病突然发作，经过医院的紧急抢救他才从死神的手里夺回了自己的生命。而从那以后的日子，约翰只能靠摄取少量的食物维系自己的生命。

一位队友拿出那个足球送给他："谢谢你，约翰，要不是你，我们不可能取得这么好的成绩。"约翰流出了感动的泪水。

当大家在讨论下一季度的赛事时，约翰流泪了，他知道，自己再也看不到球队夺冠军了。

约翰离开球场时，转身和大家说再见，他用坚定冷静的目光看着大家，说："再见了，朋友们！"

教练说："你的意思是说我们明天见面对不对？"

约翰的眼睛立刻就亮了起来，满脸堆笑地说："是的，我们明天就能再见到，不要担心我，我没事的。"

两天后，球队得到了约翰去世的消息。

约翰是个坚强乐观的男孩，面对死亡，他没有躲藏，更没有把自己藏起来逃避现实、消沉和萎靡不振，而是很坦然地接受了命运。他从未被病魔击倒，虽然他的生命如此短暂，可约翰还是很勇敢抓住了它，把笑容和勇气永远地留在了人们的心中。

有一位智者说过："生性乐观的人，懂得在逆境中找到光明；生性悲观的人，却常因愚蠢的叹气，而把光明给吹熄了。当你懂得生活的乐趣，就能享受生命带来的喜悦。"乐观的人，凡事都往好处想，以欢喜的心想欢喜的事，自然成就欢喜的人生；悲观的人，凡事都朝坏处想，越想越苦，终成烦恼的人生。世间事都在自己的一念之间。人们可以想出天堂，也可以想出地狱。

乐观的情绪是一种能让人愉悦的心理感受，让孩子乐观地面对生活中的一切，就能增强孩子的心理承受能力。面对顺境孩子能戒骄戒躁，面对逆境，孩子也能从容应对。孩子正处在身体和心理的发展时期，在这个过程中，父母应重视培养孩子乐观向上的人格和豁达宽广的积极人生态度。

　　有个小男孩头戴球帽，手拿球棒与棒球，全副武装地走到自家后院。"我是世上最伟大的打击手。"他满怀自信地说完后，便将球往空中一扔，然后用力挥棒，但却没打中。他毫不气馁，继续将球拾起，又往空中一扔，然后大喊一声："我是最厉害的打击手。"他再次挥棒，可惜仍是落空。他愣了半晌，然后仔仔细细地将球棒与棒球检查了一番。之后他又试了三次，这次他仍告诉自己："我是最杰出的打击手。"然而他这一次的尝试还是挥棒落空。

　　"哇！"他突然跳了起来，"我真是一流的投手。"

　　乐观是一种性格倾向，使人能看到事情比较有利的一面，期待更有利的结果。孩子对那些能够满足自己需要的事物或对象，会产生一种积极的情绪体验，而对无法满足自己需要的事物则会产生消极的情绪体验。乐观的性格是孩子应对人生中悲伤、不幸、失败、痛苦等不良事件的有力武器。如果孩子无法乐观地面对人生，就会意志消沉，对前途丧失信心，而且长此以往，还会损害身体健康。

　　《教出乐观的孩子》的作者、美国心理学家马丁·塞利格曼认为：乐观远不仅是一种迷人的性格特征，它实际上更是一种心理免疫力，足以帮助人们抵御生活中的任何困难。在生活中，拥有乐观品质的人是快乐、自信的，他们有较强的适应力、竞争力和耐挫力，能积极主动地面对困难和挫折。

　　美国有一对兄弟，一个出奇的乐观，一个却非常悲观。

　　有一天，他们的父母希望兄弟俩的性格都能改变一些。于是，他们把那个乐观的孩子锁进了一间堆满马粪的马厩里，把悲观的孩子锁进了一间放满漂亮玩具的屋子里。

一个小时后，他们的父母走进悲观孩子的屋子时，发现他坐在一个角落里，一把鼻涕一把眼泪地在哭泣。原来，他不小心弄坏了玩具，怕父母会责骂自己。

当父母走进乐观孩子的屋子时，却发现孩子正在兴奋地用一把小铲子挖着马粪，把散乱的马粪铲得干干净净。看到父母来了，乐观的孩子高兴地叫道："爸爸，这里有这么多马粪，附近肯定会有一匹漂亮的小马，我要给它清理出一块干净的地方来！"

这个乐观的孩子就是后来的美国总统里根。他从报童到好莱坞明星，再到州长，直至当上了美国总统。这中间，积极乐观的性格起到了很大的作用。

乐观是一种性格倾向，使人能看到事情比较有利的一面，期待更有利的结果。一个乐观向上的孩子，善于看到事物中积极有利、乐观向上的一面，在平时的学习生活及人际交往中能够建立起良好的关系，而且乐观的孩子常能心存光明远景，对未来有美好的期待，即使身处逆境，也能凭借乐观的心态、坚定的信念和顽强的毅力战胜困难、走出逆境。相反，一个悲观消极的孩子，则会过多地看到事物中消极不利的一面，经常产生悲观、失望、沮丧的情绪，长此以往，将会影响孩子身心的健康发展，扼制孩子自身潜能的发挥。因此，父母要帮助孩子从小形成积极乐观的心态，避免消极心态对孩子的困扰，就是为孩子健康快乐的人生奠定牢固的基石。

乐观是孩子对未来充满信心和有希望而又不断进取的个性特征。也许有些孩子天生就比较乐观，有些孩子则相反，但心理学家发现乐观是可以培养的，即使孩子天生不具备乐观品质，也可以通过后天的努力来实现。

当然，乐观的形成并非一日之功，需要在生活中的细微处点滴的积累和培养，当孩子能把困难和痛苦看作一种成长的快乐时，那也将是父母最大的快乐。

1.帮男孩调整心理状态

在家庭中，父母要随时注意指导孩子自我排除心理障碍，学会自我调节情绪，使悲观情绪、不良情感或其心理障碍及时得到化解，也就不会导致悲观性格的形成。

巴西足球名将加林查，小时候不幸患上了小儿麻痹症，被疾病折磨得卧床不起。

父母伤心极了，加林查更是急得要命，不住地问父亲："爸爸，我还能站起来吗？我什么时候能站起来？"听到儿子的问话，父母的心都要碎了，尽管他们异口同声地回答"能"，可是心里却没有任何把握。

他们知道，在这种情况下加林查需要的是乐观和信心，否则可能会使病情更恶化。

父母带着加林查四处求医，走遍了附近大大小小的医院，但没有任何人说能够治愈这种病。

无奈之下，他们变卖了家产，来到了里约热内卢，去找医术最高明的医生。医生在为加林查进行了六次手术后，奇迹发生了，加林查站了起来。

他拖着虚弱的身躯迈出了一步、两步……看着加林查蹒跚起步，全家人都有说不出的高兴。

加林查问母亲："我还能踢球吗？"母亲坚定地说："能！战场上有瘸腿将军，足球场上就会有瘸腿运动员，以后让你爸爸带你踢球。"

母亲的话给了加林查巨大的鼓舞，激励他为重新走上运动场努力与疾病做斗争。父亲也深知儿子的心思，从此父子二人密切合作，开始了新的足球生活。

踢足球是又苦又累的运动，不仅需要技巧，还要有健壮的身体和顽强的拼搏精神，就是对正常人来说也不容易，对做了手术、刚刚会走动的加林查来说就更加困难了。

父母看到儿子摸着受伤的脚犯愁时，总是乐观地给予热情的鼓励和安慰，告诉孩子不要怕苦，不要退却，要坚持锻炼。

父母的乐观和鼓励给了加林查勇气、信心和力量，在父亲的陪伴下，他坚定了踢球的志向，克服了常人难以想象的困难，最终以高超的球艺赢得了人们的称赞。

19岁那年，加林查被批准参加了里约热内卢的波达弗戈足球俱乐部，这是他人生中的一个转折点。他更加严格要求自己，刻苦练习，22岁时终于成为巴西足球的主将。

在赛场上飞快地奔跑、巧妙地迂回的加林查引起了观众的注意，人们称他是一把不可多得的尖刀。加林查的奇迹来源于他的大智大勇，而他的这种大智大勇则是父母用爱心和积极乐观的精神铸造出来的。

不管孩子的天性如何，在遇到困难和挫折时，难免发生情绪的变化，有时候会闷闷不乐。父母要注意观察孩子的情绪，经常和孩子谈心，让孩子把烦恼说出来，然后帮孩子消除这些烦恼，孩子自然就恢复了快乐。父母还要鼓励孩子凡事都要往好处想，不要消极悲观。

2.对男孩进行希望教育

乐观的孩子往往对未来充满了希望，悲观的孩子则往往觉得没有希望。因此，父母要对孩子进行希望教育。希望教育是一项细致的工程，需要父母及时地感受孩子的沮丧和忧愁，帮助孩子驱散心中的阴影。

一个小男孩拖着比自己身体还高的大提琴，在走廊里迈着轻快的步伐，心情显然好极了。一位长者问道："孩子，你这么高兴。是不是刚拉完大提琴？"

他的脚步并没有停下，边走边说道："不，我正要去拉。"

这个孩子懂得一个许多大人不懂的道理：音乐是一种愉快的享受，而不是不得不做的、必须忍受的工作。平时，父母要多引导孩子看到自己的进步和成绩，鼓励孩子想象自己的美好未来，让孩子对自己的未来充满希望。只要孩子对未来充满了希望，孩子必定会以乐观的心态去面对生活中的事情。

3.引导男孩宣泄不良情绪

俗话讲："悲伤心，怒伤肝，不悲不怒活神仙。"倘若孩子长期情绪不佳，就很可能引起某种疾病。所以，父母一定要设法使孩子经常保持良好的精神状态，以利于身心健康。

小星刚从学校回来就闷闷不乐地回到自己的房间，并把房间的门关上。妈妈感觉他不对劲，便在晚饭后问小星：

"小星，今天学校有什么高兴的事呀？"

"没有高兴事，但是有伤心事。"小星不高兴地回答。

"为什么呀？什么伤心事，能告诉妈妈吗？"妈妈问道。

"今天老师让同学们选一个人当班长，同学们大多数都选了高越，只有少数的几个人选了我！"小星伤心地说。

"大多数同学选高越做班长，说明高越身上优点比你多。你要向他学习，然后比他更积极地表现，说不定下学期，同学们都选你了！"妈妈引导小星。

"可是，我现在就想当班长！"小星有些着急了。

"现在你在同学们中间没有太大的威信，就算你当了班长，同学们也不会服你的。如果你用这段时间在各方面提高自己，下学期不要说班长，而且还会被评为三好学生呢，你说是不是？"妈妈问道。

"嗯，好像是。"小星同意了妈妈的看法，开始高兴地预习第二天的功课了。

孩子在生活中碰上不满的事情之后，父母千万不要让他们由此产生的负面情绪憋在心里，这很不利于孩子身心健康。当孩子感到悲伤失望时父母要给孩子以安慰，让他把自己的不满和委屈都讲出来，父母要学会正确地运用心理疏导方式及时地帮孩子走出不良情绪的困扰。如果不良情绪长期得不到发泄，就会发生壅塞，只会渐渐地使孩子走向消极。

4.用乐观的态度感染男孩

调查显示，约有85%的悲观者，其父母至少有一方的生活态度是悲观消极的。因此，父母想帮助孩子树立积极乐观的人生态度，就要用自身的乐观态度去感染孩子。

有一个小男孩，他开朗而乐观，无论什么时候看到他，都能见到他满脸的笑意。他的父母也是这样，那种微笑似乎是他们永远不变的表情。

这一天，小男孩特别兴奋，因为他要去参加好朋友的生日宴会了。他早早就穿上漂亮的牛仔靴、黑色的牛仔裤，这是妈妈为他新买的衣服，他又带上爸爸送给他的牛仔帽，简直帅极了，最让他激动的是，他要骑一匹真正的小马去参加宴会。

然而，天公不作美，11点半，天气突然变了脸，狂风大作，大雨如注。他只好静候在窗前，等待暴雨结束。这时，妈妈走了过来，告诉他由于天气的缘故，宴会取消了。他一下子没有了笑容，眼泪在眼圈里转了半天。妈妈也很难过，不过她微笑着说："来，宝贝，我们今天可以在屋里子做'寻找小牛仔'的游戏了。"

小男孩随即高兴起来，他说道："我敢打赌，下个星期六一定是个骑马的好日子，到那时，我要骑马去玩。"

乐观地对待孩子，等于给了他一生快乐的源泉。孩子是父母的一面镜子，父母的个性、言行等，往往会在孩子身上得以重现，整日唉声叹气的父母，通常会培养出悲观消极的孩子，而乐观的父母，往往会培养出同样乐观积极的孩子。所以说，孩子的乐观心态首先源自父母、源自家庭，培养孩子乐观的心态，首先从父母自身做起。

给男孩再多财富，也不如给他一个希望

作为父母，要让孩子心中充满希望，永远不要放弃希望，因为那是信念的基点，是力量的源泉，是照亮人生之路的探照灯，是打开成功之门的金钥匙。美国著名作家海明威曾说："人可以被打败，但不可以被打倒。"因为一个人只要心中有希望，任何外来的不利因素都扑不灭他对人生的追求和对未来的希望。很多时候，击败自己的不是别人，而是自己对自己失去了信心，放弃了心中应有的希望。

亚历山大大帝给希腊世界和东方的世界带来了文化的融合，开辟了一直影响到现在的丝绸之路的丰饶世界：据说他投入了全部青春的活力，在出发远征波斯之际，曾将他所有的财产分给了臣下。

为了登上征伐波斯的漫长征途，他必须买进种种军需品和粮食等物，为此他需要巨额的资金：但他把从珍爱的财宝到他所有的土地，几乎全部都给臣下分配光了。

大臣之一的庇尔狄迦斯很不理解，便问亚历山大大帝："陛下带什么启程呢？"

对此，亚历山大回答说："我只有一个财宝，那就是'希望'。"

庇尔狄迦斯听了这个回答以后说："那么请允许我们也来分享它吧！"于是他谢绝了分配给他的财产，而且臣下中的许多人也仿效了他的做法。

在走向人生这个征途中，最重要的既不是财产，也不是地位，而在自己胸中像火焰一般燃烧起的一念，即"希望"。因为那种毫不计较得失、为了巨大希望而活下去的人，肯定会生出勇气、战胜困难，肯定会激发出巨大的激情，去实现理想。与时俱增、终生怀有希望的人，才是具有崇高信念的人，才会成为人生的胜利者。

鲁迅曾经说过："希望是附丽于存在的，有存在，便有希望，有希望，便是光明。"希望是激励人们前进的巨大的无形动力。只要人们满怀希望，就能走出困境，重新看到光明。父母要教育孩子时刻对未来怀有希望，就会获得成功的人生。

人生不能没有希望，所有的人都是生活在希望当中的，有希望的人生才能一路充满温暖的阳光。假如真的有人是生活在无望的人生当中，那么他只能是人生的失败者。

从前，有一老一小两个相依为命的盲人，每日里靠弹琴卖艺维持生活。一天，老盲人终于支撑不住病倒了。他自知不久将离开人世，便把小盲人叫到床头，紧紧拉着小盲人的手，吃力地说："孩子，我这里有个秘方，这个秘方可以使你重见光明。我把它藏在琴里面了，但你千万记住，你必须在弹断第一千根琴弦的时候才能把它取出来，否则，你是不会看到光明的。"小盲人流着眼泪答应了师父。老盲人含笑离去。

一天又一天，一年又一年，小盲人将师父的遗嘱铭记在心，不停地弹啊弹，将一根根弹断的琴弦收藏着。当他弹断第一千根琴弦的时候，小盲人已到垂暮之年，变成一位饱经沧桑的老者。他按捺不住内心的喜悦，双手颤抖着，慢慢地打开琴盒，取出秘方。

然而，别人告诉他，那是一张白纸，上面什么都没有。泪水滴落在纸上，他笑了。

很显然，老盲人骗了小盲人，但这位过去的小盲人如今的老盲人，拿着一张什么都没有的白纸，为什么反倒笑了？因为就在他拿出"秘方"的那一瞬间，突然明白了师父的用心。虽然是一张白纸，但是他从小到老弹断了一千根琴弦后，却悟到了这无字秘方的真谛——在希望中活着，才会看到光明。

任何时候人都要有希望，因为只有有了希望，生命才会有活力。人在一生中，往往会遇到很多的挫折与不幸，会有无助与失落的时候，也会感觉到绝望。此时，唯有重新燃起希望的火苗，让自己有足够的勇气与信念活下去，才会成就人生的辉煌。

历数古今，无数成功人士的成功道路上都会遇到各种各样的挫折，但是，成功的希望总能给他们以巨大的力量。相反，有许多曾经胸怀大志的人却最终一事无成，其中一个重要原因是在困难面前他们失去了希望。西班牙思想家松苏内吉曾说过："我唯一不能缺少的东西就是希望。"当拥有了希望，无论在怎样的黑暗之中也会看到光明，无论在怎样的痛苦之中也会感到快乐。在漫漫的人生道路上，拥有的希望就像无边大海中的灯塔，指引着人们前进。

有这样一个在困境中燃起生命和希望之火的故事：

一天早上，欧文与几个建筑工人爬上一幢小房子的屋顶工作。那天天气极其闷热，而他们所做的工作又异常棘手。欧文当时正在一个木架上工作，主管叫他递过一件工具。欧文伸手去取的时候，忽然，一根木条因不能承托他的重量而折断了，他踩空跌了下去。

这一跌非同小可，因为他90公斤重的庞大身躯是头先着地的。欧文后来回忆说："我的头先坠地，跟着身躯下压，使我的前额像扭扭棒一样扭曲地顶住我的胸膛。在那一刻，双脚已没有知觉了。

"当别人把我的头放在枕头上时，我才开始感觉到痛楚，那痛楚越来越厉害，我只好叫他们把枕头移走。我觉得头颅与身躯好像只有一根线连着。每次我把头稍做移动，痛楚就会加剧。我以为那根线快要断了，头颅也要与身体分家了。我挣扎着保持清醒。

"不久，救援队到了，他们要把担架放在我的身躯下，我非常害怕，因为我的痛楚已非常难耐了。不过，医生不断地安慰我，同时以利落的专业手法移动我，使我的痛苦不致大大增加。

"在医院里，脑科专家把我移上X光台，然后把我的头移到照X光的最佳位置。我以前虽然也经历过痛苦，但那一次的经历毕生难忘。不久。X光报告出来了，医生证实我的椎骨在第五和第六节之间折断了。

"那一夜，我半睡半醒，反复回忆当天所发生的事。

"就在这既痛苦又迷糊的时候，我记起罗斯福总统的话：'我们需要害怕的。就是害怕本身。'

"第二天当我醒来后。头部两旁的支架提醒了我身在何方。不久我发觉，我愈减少活动，痛苦就会愈少。我觉得胸口以下像木乃伊一样。这种感觉非常恐怖，因为这意味着我的知觉已完全失去了。"

以后数周，一切测试都证明欧文已终身残疾，但他仍抱有希望。他希望会有奇迹发生，他的脊梁骨会愈合，为大脑传递信息。

因此，他全心全意去找寻复原之道，想知道怎样做才可以使自己复原。他并没有向人问及自己的情况，因为他从两个护士的对话中已知道四肢瘫痪了。欧文从未见过四肢瘫痪的人，但此刻他知道自己头颈以下的身躯已不能再动了！

这位年轻的丈夫和父亲要面对的是无比艰辛的日子，但没有人比他更坚强。

他说："我要活下去。我要凭着渴望、意志活下去。我要激发求生的意志，并要撑下去，我要去医治，我要发挥自己的潜能。我要专心培养这些信念，而决心必会使我成功。我永不放弃！"

八年后，欧文几乎需要以轮椅代步，但他仍说他的生命是美好的。

他说："我不会让自责、埋怨和憎恨占有任何位置。我深信憎恨只会带来破坏。我要带着爱去生活，虽然我的身躯伤残，但我的心仍保存着功能。我现在认识到那些真正伤残的人，是那些只以外表完美作为美的标准的人。

"有时在超级市场坐着电动轮椅在货架中穿行时，小朋友会瞪大好奇的眼睛望着我，但我只要向他们笑笑或眨一下眼就可以应付了。有一次，一个小朋友还对我说：'哇，你真勇敢啊！'"

欧文今天所做的，并不局限于和小朋友打招呼，他有自己的生意。他为酒店安排专业的保姆服务，还在"新希望"电话辅导中心当义务咨询员。

欧文找到了新希望，因此，他的事迹可以为在困境的人灌注新的希望。

可见，人生不能没有希望，无论身陷怎样的逆境，都不应该让自己绝望。失望的时候萌生希望，能使人驱散心中的浓雾，拥抱一片湛蓝的晴空。所以，父母应该让孩子带着希望生活，让他活出一个最好的自己。要让孩子在绝望中寻找希望，他的人生终将辉煌。

如果孩子的心中充满了希望，那么希望就可以支撑他一步一步地去实现目标，无论是顺境还是逆境、机遇还是挫折。苏联著名教育家马卡连柯曾说："培养人，就是培养他对前途的希望。"一位老师非常欣赏这句教育名言，他这样说："首先，这句话蕴含着以人为本的素质教育思想，表明教育行为的全部出发点和归宿应放在孩子身上。其次，'培养'，表明孩子的成长和成功需要付出艰辛劳动。'培养孩子对前途的希望'，是教育者的一种自信、决心，更是一种责任、职责。最后，'对前途的希望'，有很深的内涵：一是要让孩子感到将来一定会有锦绣前程，二是要让孩子感到实现自我价值将对社会带来贡献，并将由此带来精神世界的充实和快乐。"

心理学研究表明，每个人内心都有一种获得成功的强烈愿望，都期盼着自己能有出色的表现，都渴望得到他人的认同与赞美。所以，千万不要让孩子的内心失去希望，认为自己无药可救，否则，他就会彻底地放弃自己了。

1. 想办法给男孩一个希望

作为父母，要善于给孩子希望，比如，给孩子讲一个能打动他心灵的小故事，给他说一句耐心的教诲，给他一次真挚的规劝……这对孩子来说，可能都是个转变的契机。希望，是一股巨大的力量，是一盏夜航的明灯。作为孩子最重要的老师的父母，理应给孩子一个诱人的希望，一份美丽的期盼，让他在学习、生活的征程上昂首阔步。

2．不说让男孩丧失信心的话

无论在什么情况下，父母都一定不要对孩子说那些打击他、影响他对前途失去信心的话，要管住自己的嘴巴！父母一定要避免对孩子说诸如"你真愚蠢"、"你到底会不会做"、"数学不好，连加减乘除都没弄清楚"、"你怎么这么笨"等容易让孩子丧失信心的话，因为孩子会在不知不觉的情况下，失去随机应变的能力，更加无法解决面对的问题，从而增加自卑的心理。

另外，父母也要明白，每个孩子都有自己的优劣，要发挥孩子的优点，努力改正孩子的缺点，这是让孩子不断进步的动因。父母在教育孩子的过程中，也要避免给孩子说"某某考了100分，比你强多了"、"人家的钢琴弹得那叫一个好，看你什么都不会"等拿自己孩子的短处去和别的孩子的长处相比的话，以免造成孩子自卑心理的产生。

3.让男孩懂得在逆境中坚持

告诉孩子，当做事情不顺利、不如意时，一定要学会坚持，哪怕再坚持一分钟，成功也许就会到来。有人说，坚持是卓越和平凡的分水岭。所以，父母要告诉孩子，在面对学习和生活的困难与挫折时，一定要勇敢地坚持下去。只要不放弃正确的目标或道路，坚持到最后一分钟，就一定能够走向成功！

遭遇逆境时，教男孩多看好的一面

人生的成功或失败，幸福或坎坷，快乐或悲伤，完全是由人自己的心态造成的。因为人怎样对待生活，生活就怎样对待人们。美国著名的心理学家威廉·詹姆斯说："我们这一代人最重大的发现是：人能改变心态，从而改变自己的一生。"凡事往好处想，内心便充满阳光，这种乐观的积极向上的心态，会激发人们的生命力，永远拥有成功的信心和希望，即便是身处绝境的情况下，也能以豁达开朗的心胸面对未来。

美国加州曾有位刚毕业的大学生，在一次冬季大征兵中他依法被征，即将到最艰苦也是最危险的海军陆战队去服役。这位年轻人自从获悉自己被海军陆战队选中的消息后，便显得忧心忡忡。在加州大学任教的祖父见到孙子一副魂不守舍的模样，便开导他说："孩子啊，这没什么好担心的。到了海军陆战队，你将有两个机会，一个是留在内勤部门，一个是分配到外勤部门。如果你分配到了内勤部门，就完全用不着去担惊受怕了。"年轻人问祖父："那要是我被分配到了外勤部门呢？"祖父说："那同样会有两个机会，一个是留在美国本土，另一个是分配到国外的军事基地。如果你被分配在美国本土，那又有什么好担心的！"年轻人问："那么，若是被分配到了国外的基地呢？"祖父说："那也还有两个机会，一是被分配到和平而友善的国家，另一个是被分配到维和地区。如果你分配到和平友善的国家，那也是件值得庆幸的好事。"年轻人问："那要是我不幸被分配到维和地区呢？"祖父说："那同样还有两个机会，一个是安全归来，另一个是不幸负伤。如果你能够安全归来，那担心岂不多余。"年轻人问："那要是不幸负伤了呢？"祖父说："你同样拥有两个机会，一个是依然能够保全性命，另一个是完全救治无效。如果尚能保全性命，还担心它干什么呢？"年轻人再问："那要是完全救治无效怎么办？"祖父说："还是有两个机会，一个是作为敢于冲锋陷阵的国家英雄而死，一个是唯唯诺诺躲在后面却不幸遇难。你当然会选择前者，既然会成为英雄，有什么好担心的！"

生活中很多情况就是如此，只要转变一下思考方式，改变了看问题的心态和视角，结果就会大大的不同。

有些人总是喜欢说，他们现在的状况是别人造成的，环境决定了他们的人生位置，许多事情他们无法摆脱，也不能往好的方向想。这是因为他们从未真正地往好的方向想过，他们总是悲观失望，有时即使有好的想法，也马上会被自己所否定。说到底，如何看待人生，全由自己决定。

凡事都往好处想，做人也会开心的。凡事都往好处想，说起来容易，做起来难。有些人活在世上，恰恰总是把事往坏处想，结果也使自己整天处在高度紧张、猜疑、惊恐、戒备、争斗之中，具有这种心理状态的人，还能开心吗？把事情往好处想，这是开心的一个秘诀！

一个人去看心理医生，说："我患了心理疾病，并且非常严重。"接着他讲了自己的症状："女儿出门上学，如果没能按时回家，我就非常担心；如果再迟一些，我就坐卧不宁。"

医生说："这说明你非常疼爱你的女儿，并且是一个爱心非常重的人，我认为这不是疾病。"那人说："不对，我不是想她在补课或做别的什么事情，而是想她是不是被人绑架了。"

医生听完那人的诉说问："你做什么职业？这种症状有多长时间了？具体是从什么时候开始的？"那人答："我是个开发商，这种症状从我赚到第一个一千万起就开始了！但，我可以这样向你保证，我赚的每一分钱都是干净的。"

医生说："你以上所有的担心，不属于心理恐惧，而是地地道道的心理疾病。这种病最容易在暴富的人群中出现，而且治疗起来非常困难。"

那人说："不论花多少的钱，我都愿摆脱这种心理。"

医生说："心理学家塞缪尔首经说过一句话，'一个人养成凡事往好处想的习惯，比每年赚一千万还有价值。'可是，他接着又说了一句，'一个每年赚一千万的人，想养成凡事往好处想的习惯，比登天还难。'你如果想治好自己的病，不妨一试。"

至于心理医生是如何教他试的，不得而知。不过，从此那个城市多了一家慈善基金会，并且还多了一个快乐的富人。

凡事往好处想并不是解决一切问题的灵丹妙药，却是一种健康积极的人生哲学。有了它，也许问题本身不会减少，但问题的解决却找到了正确的方向。所以，父母应该培养孩子乐观的人生态度。凡事往好处想，采取积极的态度对待困难，事情自然会往好的方面发展。凡事都往好处想，就会镇定从容地面对学习和生活，就可以准确找到生活的方向，展示生命的风采。

1.让男孩远离思想消极的人

消极心态会阻碍一个人前进的脚步，让人看不到希望，当然，也会因此失掉许多唾手可得的机会；相反，积极心态会让人看见成功的一面，他会觉得生活中总是阳光普照。

父母要想让孩子化消极为积极，就一定要让他远离那些有消极心态的人。消极心态的人会整日抱怨，不思进取，与这样的人在一起就会受到消极影响。只有让孩子远离这些人，多与拥有积极心态的人和锐意进取的人交流，孩子才会因此而更加积极有为！

2.教男孩学会换一种思维

在日常生活中，孩子也会经常会遇到困境和痛苦，那么，怎样教孩子去摆脱困境和痛苦是一大难事。有时，只需要让孩子在前进的路上稍稍一转弯，就会出现不一样的境遇。

父母一定要让孩子懂得，生活就是这样，有时候横冲直撞只会落个头破血流的结局，如果换一个视角，放掉以前的偏执与狂躁，反而更容易改变一切。

有记者访问过西部歌王王洛宾，记者问他："您老已经80多岁了，您最留恋的是什么？"王洛宾回答："我最留恋的是几年狱中的生活。"

球王贝利在回答有关儿子能否取得像自己一样的成就时，断然说道："不会的，因为他没有我幸运，他不是生长在贫民窟里。"

狱中的生活、贫民窟的日子在平常人的眼里也许都算不上是好事，但是不要忘了这一句老话："祸兮，福之所伏；福兮,祸之所伏。"坏事有时候可以变成好事，祸有时候也可以变成福。所以，对世间的福祸、顺境逆境，都应该着眼于长远。

当痛苦、绝望、不幸和灾难向孩子逼近的时候，只要让孩子调整好自己的情绪，遇事多想好的一面，换个角度来看待逆境，就相当于抓住了逆境中的一线光明。

3.引导男孩笑对人生

笑对人生是一种性格，更是一种胸怀；笑对人生是一种态度，更是一种心情。笑能使心情轻松，思维敏捷；笑能增进团结，促进人际关系，笑更能让人积极面对挫折，不被困难吓倒。父母引导孩子笑对人生能让孩子以一种积极的心态面对挫折，发现生活当中的无限乐趣。

相信自己，自信的男孩有美好未来

自信心是一种积极的心理品质，是一种促使孩子向上奋进的内部动力，更是一种能使孩子赢得成功的催化剂。

美国思想家爱默生说："自信是成功的第一秘诀。"自信是孩子成长过程中必备的品质，能促使孩子充满信心去面对困难，是努力完成自己愿望的动力。但是，它并非与生俱来，必须由父母对孩子从小加以正确引导，使孩子逐渐学会相信自己，建立起自信。

美国总统罗斯福还是参议员时，潇洒英俊，才华横溢，深受人们的爱戴。有一天，他在加勒比海度假游泳时突然感到腿部麻痹，幸亏抢救及时，才避免了一场悲剧的发生。经过诊断，罗斯福被证实患上了"腿部麻痹症"，医生对他说："你可能会丧失行走的能力。"罗斯福没有被医生的话吓到，反而还笑呵呵地对医生说："我还要走路的，而且我还要住进白宫。"

第一次竞选总统时，罗福斯对助选员说："你们布置一个大讲台，我要让所有的选民看到我这个患麻痹症的人可以走上去演讲，而且不需要任何拐杖。"当天，他穿着笔挺的西装，充满自信地从后台走向讲演台。他的每个步伐都让美国人深深感受到他坚强的意志和十足的信心。后来，罗斯福成为美国政治史上唯一一个连任四届的伟大总统。

自信对一个人一生的发展所起的作用是巨大的。法国教育家卢梭曾经说过："自信心对于事业简直是一种奇迹，有了它，你的才干便可以取之不尽、用之不竭；一个没有自信的人，无论他有多大的才能，也不会抓住一个机会。"所以，在孩子健康成长的道路上，自信心的培养是至关重要的一课。

自信是孩子的潜力的"放大镜"。如果孩子是一个自信的人，那么他乐观进取，做事积极主动，勇于尝试，乐于接受挑战；但若是孩子缺乏自信，那么他就会在任何事情面前都表现得懦弱、害羞、充满恐惧，既不敢面对新事物，也不敢主动与人交往，因而失去很多学习和锻炼的机会，以致影响自身的发展。长此以往，孩子就会产生"无能"的感觉，变得自卑。甚至可能产生自暴自弃、破罐子破摔等极度不良心理，后果将很可怕。

有一句教育名言是这样说的：要让每个孩子都抬起头来走路。"抬起头来"意味着对自己、对未来、对所要做的事情充满信心。任何一个人，当他昂首挺胸、大步前进的时候，在他的心里有诸多的潜台词——"我能行"、"我不比别人差"、"我的目标一定能达到"、"我是最棒的"、"小小的挫折对我来说不算什么"……假如每一个孩子都有这样的心态，肯定能不断进步，将来成为有用之才。因此，激发孩子的自信，让孩子挺起自信的胸膛，是父母应该重视的问题。

总之，在日常生活中，父母要教孩子学会辩证地认识自我，既看到自己的优点，又发现自己的不足，使他们在一次次地尝试、探索、创造中不断地提高自己，增强自信。

1.对男孩多一些赏识

孩子的命运在很大程度上掌握在父母的手里，父母给孩子多少赏识，孩子就会有多大自信，孩子的路也就会走多远。我国教育家陶行知先生曾经说过："教育孩子的全部秘密在于相信孩子和解放孩子。相信孩子、解放孩子，首先要赏识孩子。"所有孩子的心灵深处都渴望得到别人的赏识。赏识孩子，就要不断发掘孩子的优点，不断给孩子鼓励，从而逐步培养孩子的自信，让他们相信自己的能力。

曾有这样一个感人至深的故事，讲的是一位母亲参加三次家长会后对孩子的教育。

一位母亲第一次参加家长会，幼儿园的老师对这位母亲说："你的儿子有多动症，在板凳上三分钟都坐不住。"回家的路上，儿子问妈妈，老师都说了些什么？妈妈鼻子一酸，差点掉下泪来。她告诉儿子："老师表扬你了，说宝宝原来在板凳上坐不到一分钟，现在能坐三分钟了。别的家长都羡慕妈妈，因为全班只有宝宝进步了。"那天晚上，她儿子破天荒地吃了两碗饭，而且没让妈妈喂。

在第二次家长会上，老师说："全班50名学生，你儿子排在第49名，我们怀疑他智力上有些障碍，你最好能带她到医院查一查。"回去的路上，妈妈流下了眼泪。回到家，看到儿子惶恐的眼睛，她又振作精神说："老师对你充满信心，你并不是一个笨孩子，只要再细心点，一定会超过你的同桌。"说这些话的时候，她发现儿子的眼光一下子充满了光亮，发愁的脸也一下子舒展开了。第二天上学，儿子比平时都要早。

第三次是初中毕业班家长会，老师没有在差生的名单里提到她的儿子，到家长会结束也没有提到她儿子的名字，她有点不习惯，在临别时去问老师，老师告诉她："按你儿子现在的成绩，考重点高中有点危险。"母亲心里有一种说不出的喜悦，她告诉儿子："班主任对你非常满意，他说了，只要你努力，很有希望考上重点高中。"

高中毕业了，当她儿子从学校回来，把一份清华大学录取通知书交到她的手里，突然跑到自己房间里大哭起来，边哭边说："妈妈，我一直都知道我不是个聪明的孩子，是您……"她再也按捺不住十几年来凝聚在心中的泪水，任它打在手中的信封上。这是一位伟大的母亲，她用赏识教育代替惩罚教育，她成功了。

可见，赏识对于成长中的孩子来说是至关重要的，孩子从父母欣赏的眼光、赞赏的话语、满意地点头、会意的微笑、热烈的掌声中得到肯定，赏识可以发现孩子的优点和长处，激发孩子的内在动力，增强孩子的自信心。

2.多鼓励男孩，给男孩自信

有位妈妈带着孩子去参加小提琴演出，孩子在临上场的时候非常紧张。妈妈对他说："宝贝！别紧张，妈妈相信你一定是最棒的。"孩子勉强地笑笑，紧张地抓住妈妈的手说："妈妈！好多人在看，我——我害怕——"妈妈蹲在孩子面前，直视着他的眼睛说："宝贝！看着妈妈，记住了你上台后，妈妈会站在最明显的地方，你不要看其他的人，你只看着我，就像平时你在家为我演奏一样。"孩子点点头说："妈妈你一定要站在最明显的地方呀！"说完拿着小提琴上台了。

孩子上台后面对着成百上千的观众，突然不知道该怎么去面对。就在这时，他看见了台下的妈妈，站在明显的地方，神情自若微笑地注视着他，孩子在妈妈的眼神里找到了自信，然后拿起小提琴忘我地演奏着。

孩子的演奏非常完美地结束了，换来了观众和评委一阵阵的掌声。

就在孩子的视线被送花的女孩挡住的瞬间,妈妈赶紧拿出纸巾擦脸上的汗水。有个旁观者看到了这一切,不解地问:"这么冷的天你怎么还流汗呀?"这位妈妈回答说:"因为我很紧张,这是我孩子第一次参加正式的演出。"旁观者惊讶地说:"刚才我看到你看着孩子时,眼神里充满着自信,没有看见一丝慌乱和紧张呀?""是的!不管我怎么紧张,我的情绪都不能在孩子面前表露出来,孩子会因为我的情绪受到很大影响。"

孩子的自信源于父母的鼓励,他们本身不知道什么叫自信,但当他们听到父母的鼓励的时候就自内心产生了一种力量,这种力量促使他们完成各种艰巨的任务。所以,父母要创设培养孩子自信心的环境,让孩子在潜移默化中自信起来。平时,遇事常对孩子说一些鼓励的话,比如"你一定能行"、"你肯定做得不错",等等。因为孩子自我评价往往依赖于成人的评价,成人以肯定与坚信的态度对待孩子,他就会在幼小的心灵中意识到:别人能做到的,我也能做到。父母在孩子面前应有自信、乐观的性格,有魄力、自强、办事不怯懦,为孩子树立良好的形象,创设良好的氛围。

3.让男孩从成功的喜悦中获得自信

培养自信还有一个好方法,就是让孩子不断地获得成功的体验。

尤勇是班里的后进生,他各门功课成绩都很差,每天上课时要么不到校,要么趴在桌上睡觉,要么就是自己在纸上胡写乱画,从不认真听讲。经班主任了解发现,原来他从小学二年级开始,成绩就一直很糟糕,常常受到父母的责骂和老师的训斥。渐渐地,他失去了学习的兴趣,他自己也觉得考大学是天方夜谭,只想读完五年级,算是完成父母交给他的任务。

老师找到尤勇的爸爸,希望他在尤勇身上找到闪光点,然后给予赞扬。后来,尤勇的爸爸终于发现儿子在草稿纸上画的卡通画比较生动,于是，他便诚心地赞赏儿子的绘画天赋。之后，爸爸将这一情况告诉了尤勇的班主任，班主任安排尤勇负责班刊的插图工作，他做得很认真，老师又借机大大表扬了他。

从此，尤勇便迷上了画画，上课的时候像变了一个人似的，专心致志地听课。后来他报考了美术专业，并且考上了大学。

尤勇的改变，在于父亲和老师让他从画画中体验到了成功，从而激发了自信。

对于孩子来说，体验成功是增强自信的一种好办法，而过多的失败体验，往往使孩子对自己的能力产生怀疑。成功的快乐是一种巨大的鼓舞力量，成功的积极体验会增强孩子的学习动机，激发孩子再尝试的欲望。因此，父母应根据孩子发展特点和个体差异，提出适合其水平的任务和要求，确立一个适当的目标，使其经过努力能完成，从而在不断的成功中培养自信。

第七章
体验成功，
让男孩做最好的自己

感受过成功的男孩才会获得更多的成功

每个人都有成功的愿望，孩子更是如此。成功，是孩子心理发展的需要。在很多情况下，他们正是靠着这种愿望的推动，不断地取得自我发展和自我需要。反复的成功体验，不仅为孩子积极主动的行为提供了强烈的动机，而且能较好地促进孩子良好的态度、稳定的情绪、情感、理想和信念的形成以及人格的养成。

一个人只要体验一次成功的喜悦，便会激起无休止的追求意念和力量。苏联著名教育家苏霍姆林斯基说过："一个孩子，如果从未品尝过学习劳动的欢乐，从未体验克服困难的骄傲——这是他的不幸。"因此，父母应该充分利用孩子的成功愿望，让孩子能得到成功的体验，使孩子在不断获得成功的过程中，产生获得更大成功的愿望，使他们在原有的基础上能得到更理想的发展。

有个男孩，在国内的学习成绩为中下等，没有任何特长，性格也不太好，似乎是一个找不出任何优点的孩子。中学还没有毕业，他就随父母去了美国，在一个城市继续学业。他的老师总是想方设法地找出他生的优点，帮助他建立自信。可这个孩子的体育、功课、音乐、劳动都很一般，这可难坏了他的老师。

一天，男孩没事时随手画起了画，算是随手涂鸦，结果被老师看见，马上对他的绘画大加赞扬，并且帮助他修改，还推荐给当地的一家报社。男孩受到了鼓励，从此画画更加用心，水平大长，还被当地评为小艺术家。这种正向效应在各方面不断显现，这个曾经被认为找不出任何优点的男孩变得很多方面都越来越优秀，就像换了一个人。

　　一个平庸的孩子变得越来越优秀，是老师的表扬、促使孩子有了翻天覆地的变化。准确地说，是受到表扬后那种成功的体验给了孩子信心，成了孩子求上进的动力。很多所谓的差生在出现一个转折点后，常常会突飞猛进，一发而不可收。这是因为他获得了成功的体验，从而让他学会了战胜困难，超越自我。

　　父母要知道，孩子每一个细小的成功都能带给他无限的信心与动力，孩子就是在不断的成功中不断学习，不断进步的。如果父母对孩子小的成功熟视无睹，没有及时给予孩子鼓励，却要求孩子立刻取得大的成功，这是十分不现实的。

　　作为父母，应该珍惜孩子的第一次成功。在孩子取得第一次成功时，父母应该鼓励、表扬孩子，让孩子充分体验到成功的快乐和成就感，这对孩子会产生很大的影响。

　　　有一位妈妈发现儿子很内向，不善于与人打交道，学习成绩也很一般。这位妈妈就意识到，孩子需要体验成功，需要增加自信心。于是，她就仔细观察孩子的生活和学习，希望能够找到孩子成功的突破口，从而去鼓励孩子。

　　　终于，妈妈发现内向的儿子写的作文很有文采。于是，她对儿子说："你写的作文思想挺深刻的，尤其是那次去外婆家路上遇到一个小偷的描写和思考。我儿子真是个细心、善于观察的人。"

　　　儿子眼睛一亮："是吗？可是我的作文好像一直没得过高分。"儿子说后，眼神又暗淡下来。

　　　妈妈想到孩子需要得到老师的肯定，于是，就去找儿子的老师。刚开始，老师说："你儿子的作文确实也不坏，但也不是很好。"

　　　妈妈说："老师，也许我儿子与其他优秀的学生相比，确实普通了一些，但是，写作文是他最擅长的，我希望您能够表扬他，让他体验一下成功的滋味，从而获得前进的动力。"老师答应了妈妈的请求。

　　　第二天放学后，儿子在校门口就开始大叫起来："妈妈，今天老师表扬我了，她说我的作文写得好，还让我在班上朗读作文呢！"儿子像快乐的小鸟一样奔跑到妈妈的身边，向妈妈诉说着心中的喜悦。整个晚上，儿子一直沉浸在喜悦中，他看了许多作文书，并对妈妈说："我一定要好好写作文，不辜负妈妈和老师的期望！"

趁着这个好机会，妈妈对儿子说："其实，妈妈一直觉得你是个努力的孩子，现在，你的作文写得好，只要你努力，其他功课也会好起来的。你有信心吗？"儿子高兴地回答："当然有。原来我以为自己的作文写得很一般，现在不也受到老师表扬了吗？"儿子表现出了昂扬的斗志。

从那以后，儿子不断努力学习，成绩也慢慢好起来了。

这位有智慧的妈妈抓住了孩子的优点，帮孩子获得第一次成功，并把孩子的成功当成大事很重视，让孩子获得了成功的体验，从而激发了孩子的学习热情。正如卢勤所说："这就是激励作用。我们做父母的如能帮助孩子获得人生的第一次成功，让孩子品尝到成功的喜悦，他将来一定是个成功者！"所以，为人父母者，一定要善于发现孩子各个方面的每个细小的成功，并赏识孩子的每一个成功。这样，孩子才能真正体验到成功的快乐，从而更加努力上进。孩子是否成功，应该根据孩子自身的成长状况来衡量，而不是根据其他人的标准来衡量。

有人说，成功的体验是一个人的心理财富，具备这种财富的人会因自信而坚毅。成功的体验，是孩子成长过程中不可或缺的，也是每个孩子都非常渴望的。孩子就像运动员一样，每一个细小的进步，都需要观众的喝彩与掌声，孩子的成长道路也是这样。孩子只有把每一次小的成功累积起来，才能慢慢铺就他的成功之路。

1. 善于发现男孩的优点

于建新是学校有名的调皮男生。上课无精打采，从不主动回答问题。下课后调皮捣蛋的鬼点子比谁都多。老师批评他，父母责骂他，但对他没有任何作用。他在"差生"的路上越走越远。

一天，于建新的父母又在讨论孩子的问题。母亲说了句看似可笑的话："咱什么办法都试过了，也打了，也骂了。要不，咱试试表扬他吧。"于是，他们努力寻找于建新的优点。在帮助孩子复习功课的时候，他们不再寻找孩子的弱项，而是专门提问孩子会回答的题，然后表扬和鼓励孩子。

于建新画了一幅还不错的画，爸爸竖起大拇指说："儿子，画得真不错！"并鼓励他拿给老师看。于建新放学后，见到爸爸就兴奋地说："爸爸，老师表扬我了！"

在以后的日子里，于建新竟然不断地得到老师的表扬，他发生了十分可喜的变化。

不同的教育观念和教育方式，会得出完全不同的教育结果。如果父母能在平时对孩子的教育过程中，善于发现孩子的优点并鼓励表扬他，孩子就会乐于也有信心去尝试下一次，就会让平庸的孩子变得优秀。

2. 营造充满赏识的家庭氛围

刘洋今年7岁了，自从他上学以来，他的父母经常举办家庭活动，并故意在活动中让他取胜，还会给他适当的奖励，以此来培养刘洋的成就感。

每到周末，全家人自己策划组织节目，有时候是朗诵大赛，有时候是书法比赛，有时候是知识抢答，有时候是唱歌比赛。虽然大家都不专业，但全家人都很投入，房间内笑声不断。爸爸偶尔的一个滑稽动作，把儿子逗得笑出了眼泪。每次活动过后，大家都意犹未尽，一次次获胜让刘洋变得越来越自信。

家庭是孩子每天待的时间最多的地方，父母要注重对孩子的正确引导，为孩子创设一个和谐融洽的成长环境，努力帮助孩子树立信心。父母可以通过丰富家庭生活的方式，创设多种赏识情境，帮助孩子在赏识中进步。

3.帮助孩子建立成功档案

赵立今年上初三了，升高中的压力让他很不开心。爸爸妈妈特意为他拿出一个箱子，里面装着他以前所获得的各种奖状、荣誉证书及每次取得好成绩时爸爸妈妈给他的奖励，每当赵立取得好成绩时，妈妈都让他写一份心得体会，并记录下自己取得好成绩的过程。这种装着各种奖励记录和心得体会的荣誉箱，可以让孩子持久地体会到成功的快乐。此时看到自己已经取得的成绩，赵立的心里又燃起了争取成功的信心，学习也更有劲头了。

每当孩子有所进步或取得好成绩时，父母要善于替孩子"保管"这些记录，这是他们成长的见证，在关键的时候还会起到激励孩子的作用。当孩子在学习中遇到困难灰心丧气时，父母就要拿出孩子的成功档案，唤起孩子的成功意识，促进孩子的信心。

赏识教育——告诉男孩，你真棒

教育孩子的奥秘就在于父母心灵深处是坚信孩子"行"还是"不行"，如果坚信孩子"行"，哪怕孩子智商低，身体有残疾，也不会觉得没有出路！

心理学家曾经做过这样的一次心理测验：

把孩子分成甲、乙两个组，分别让他们考同样的问题。过了三天，心理学家再度去那所学校，告诉甲组同学："上次考试成绩非常好，今天再考一次，你们千万不能输给上次，好好写吧！"又对乙组的同学说："你们上次成绩很差！这怎么行呢？这次必须反败为胜才行！"结果，原本成绩相当的两组，得到肯定和夸奖的一组，第二次测试成绩很好；责骂后再考的那一组，成绩很不理想。

这个测验告诉我们：赏识引向成功，责骂导致失败。作为一种心理需求和渴望，人人都希望得到赏识和表扬，可以说，不断进行正面激励是一个人成长中的动力源。同样，孩子也是如此。如果一个孩子生活在鼓励中，他就学会了自信；如果一个孩子生活在认可中，他就学会了自爱。这就是赏识的作用。赏识一旦被父母正确运用，它的魅力就是无穷的，会成为孩子不断追求成功的"金钥匙"。

俗话说："数子十过不如奖子一功"，"好孩子是夸出来的"。夸奖孩子、赞赏孩子、鼓励孩子，是家庭教育的一项重要艺术。当年幼的孩子有点滴进步时，父母一定不要忘记夸奖他，这样会给孩子增强自信心，让孩子获得成就感。

美国心理学家加德纳提出"多元智能理论"，认为每个孩子都不同程度地拥有八种智能，每个孩子的优势智能是不同的，也就是说每个孩子学习方式的差异是由其优势智能决定的。比如，有的孩子语言智能突出，有的孩子空间视觉智能突出，有的孩子运动智能突出，所以父母要善于发现孩子的长处，通过鼓励、表扬、引导，克服不足，尽力弥补他的短处。

有个家长家里有一副卡通扑克牌特别有意思，读5年级的孩子有一天把卡通扑克牌带到学校。课间拿出一张扑克牌给同桌看，告诉同桌他家里有很多这样的扑克，为了不被老师发现，如果要看可以组织同学去厕所看。于是这个同学每天带5张卡通扑克牌给同学看，本班同学看一张收两毛钱，如果把外班同学请来看，每张3毛钱，给介绍的同学回扣1毛钱。如果把外校学生请来看，每张5毛钱，给介绍的同学回扣3毛钱。一周下来，这个孩子赚了70多元钱。纸是包不住火的，这件事终于被学校知道了。这个孩子在学校，个子在班级第一，学习成绩在班级倒数第一。他最喜欢的是以大欺小，因此全班没有人跟他是朋友。在家里父母对他每天一小打，三天一大打。根据这些问题，老师在做通孩子思想工作后，请家长到学校签订不打孩子的协议书。家长签完后一下把笔扔了说："老师你怎么能让我不打他！他如果是一只鸡、一只鸭，我早就把他蒸了吃进肚子。"儿子看到父母那个样子，耷拉着脑袋，眼光也是冷漠的。后来老师告诉家长，你的孩子也是有优点的。比如这种营销方式我们三四十岁了还不会做或者还做不好，也许你的孩子是做生意的天才！当孩子听了老师的表扬，整个人抽动了一下，显示出吃惊的表情，一贯挨批评的他没想到会得到老师的表扬。有心栽花花不开，无心插柳柳成荫。老师无意中的一句赏识的话成就了他一生的事业。二十几年过去了，这个孩子成了房地产经销商，生意做得红红火火。

夸奖是教育孩子的法宝，能够带给孩子无限的信心和动力，让孩子不断地前进。一位著名的教育家说："孩子需要激励，就如植物需要浇水一样。离开激励，孩子就不能生存。"学会夸奖孩子并不是一件容易的事，每位家长都要仔细地研究与思考鼓励孩子的策略，并养成夸奖孩子的习惯。

好孩子是夸出来的，父母要拿出宽容和爱心，多找孩子的闪光点，让他们自信地走上人生之路。

1.发自内心地赏识男孩

每个孩子都是有优点的，只要父母真正从内心去赏识孩子，就能发现孩子的优点，每个孩子都是值得父母自豪的。

通用前首席执行官杰克·韦尔奇被誉为全球第一CEO。可以说，没有母亲的培养，就没有韦尔奇的今天。母亲从来不把韦尔奇的缺点与其他的孩子相比，相反，她会把韦尔奇的优点与其他孩子相比，从而让韦尔奇产生巨大的成就感和自信心。

小时候，韦尔奇患有很严重的口吃，而且似乎根除不掉，这个毛病让他常常成为被取笑的对象，为此，他曾经很自卑。但是，母亲却对韦尔奇说："这是因为你太聪明了。没有任何一个人的舌头可以跟得上你这样聪明的大脑。"

从此，韦尔奇就相信自己的确是一个非常聪明的人，并且努力训练语言自己的能力，他不仅纠正了口吃，而且拥有强大的自信心。韦尔奇的母亲是伟大的，并且这个伟大的母亲，最终造就了一个伟大的儿子。杰克·韦尔奇曾经说："如果我拥有任何领导者的风范，可以让大家发挥长处，我觉得这都应该归功于母亲。"

赏识是教育的真谛。不管孩子是否优秀，做父母的都应该以平常心对待孩子。只有把孩子当作一个平凡的人，当父母在发现孩子的优点和长处时，才可能发自内心地去赏识他。

2. 对男孩多一些鼓励

对于孩子来说，由于年龄小，心理还很幼稚，他们心灵最强烈的渴望就是得到别人的赏识，特别是来自父母的鼓励。

赏识对于成长中的孩子来说是至关重要的。我国教育家陶行知先生曾经说过："教育孩子的全部秘密在于相信孩子和解放孩子。相信孩子、解放孩子，首先要赏识孩子。"所有孩子心灵深处都渴望得到别人的赏识。孩子从父母欣赏的眼光、赞赏的话语、满意的点头、会意的微笑、热烈的掌声中得到肯定，赏识可以发现孩子的优点和长处，激发孩子的内在动力，增强孩子的自信心。

3.对男孩的进步要及时夸奖

某小学的校长曾经做过这样一个实验：在期末考试之后，他分别在不同时间内对两个班级考试成绩差不多的两组孩子做出评价。

对第一组孩子，校长在考试成绩出来的当天就表扬了他们："成绩真不错，你们都是聪明的孩子，继续努力吧！"

对第二组孩子，校长一直等到下一个学期开始之后，才对他们说："你们上学期考试成绩不错！"

一个学期以后，第一组孩子因为受到了校长及时的赞扬和鼓励，学习成绩有了明显的提高。他们一致认为是校长的赞扬让自己对学习充满了信心，学习劲头也更足了；而第二组孩子的学习成绩却没有明显进步。虽然校长赞扬了他们，但时间已经相隔太久，所以他们根本没有察觉到这种表扬，他们的学习积极性也没有太大的变化。

这个实验证明，及时赏识和赞扬孩子，比事后再给予赞扬所起到的作用要大得多。所以，孩子有了进步，父母要及时地给予夸奖和鼓励，这样孩子的成就感和荣誉心就会得到最大的满足，进而会把后面的事情做得更好，否则，时过境迁，已经没有了当时的氛围，父母再去夸奖他，会使夸奖的作用大大降低。

没有什么不可能，鼓励男孩挑战自我

人类生存中有一项不可否认的事实：只要是人们可以正当追求的，都有可能获得成功。英国大作家约翰生曾说过："在勤奋和技巧之下，没有不可能成功的事情。"的确，正如人们常说的，没有做不到的事情，只有你想不想做，或许当你做一件事情的时候会遇见很多的困难，但只要你发自内心地用心去做，最后还是会成功的。因而可以说，人生没有达不到的高度，只有不愿攀登的心。

美国总统里根成功的一生非常富有戏剧性，而这正是他自我超越的卓越表现。

1933年，22岁的里根就开始从事体育节目播音员的工作。在之后的5年中，他的播音事业蒸蒸日上，取得了极大的成就。但是，里根对此却并不满足。

1937 年，里根经人推荐，在华纳电影公司的影片《空中的爱情》中扮演了一位感情丰富而幽默的播音员。从此，里根踏上了演艺之路。

在演艺生涯中，里根一共拍摄了64部影片。在1941年的"最有希望演员"的评选中，里根成为5位"明日巨星"中的一位。

1942年，美国参加反法西斯战争，里根依然投身于其中。1947年，里根成为好莱坞工会主席。1964年，美国"联艺"电影公司拍摄名为《最好的男人》的影片，片中主角是一名总统。里根应征主角试镜时，电影公司的主管却将他淘汰了。主管预言说："里根不具备一名总统应有的相貌。"对于政治，里根从来没有接触过，当然也没有什么经验。但是，这并不妨碍他走上政坛的决心。

1964年，里根拍摄了生平最后一部影片《杀戮者》，从此正式开始了他的政治生涯。1966年11月，里根竞选州长成功。1971年，里根连任州长。

1980年11月，69 岁的里根当选美国第40任总统，实现了从平民到总统的梦想。1984 年11月，里根连任总统。在多年的政治舞台上，里根为美国做了许多事情，成为美国人民心目中优秀的总统，而他的人生也十分充实而多彩……

可见，一个人不满足于现状，只有不断突破自我、追求卓越，才能成为一个真正成功的人。一个人在不断增强自己的力量、不断提升自己的时候，他对自己要求的标准也会越来越高。正是这种超越自我、追求完美的进取精神缔造了光辉灿烂的人类文明。

人的潜能是巨大的，一个人只有具备积极的自我意识，才会知道自己是个什么样的人，并知道能够成为什么样的人，才能积极地开发和利用自己身上的巨大潜能，将不可能的事变成可能，干出非凡的事业来。

美国著名智库布鲁金斯学会创建于1927年，以培养世界最杰出的推销员而著称于世。它有一个传统，在每期学员毕业时，都设计一道最能体现推销员能力的实习题，让学生去完成。

1975年，布鲁金斯学会设计的题目是让学生将一个微型的录音机推销给当时的总统尼克松，这个学会的一名学员成功了。在克林顿当总统的8年间，学会曾设计过一个题目，是让学员将一条三角裤头推销给克林顿总统，但是8年过去了，无一人推销成功。小布什当总统之后，学会又给学生的命题为：请你把一把斧子推销给小布什总统。

实际上，当时的美国总统小布什什么也不缺，他要一把斧子干什么？即使说他需要斧子，也不需要他亲自去购买；退一步说就是他亲自去买，也不一定会碰上这个卖斧子的推销员。因而，要完成这个看似不可能完成的题目应该说是大海捞针——够难的了。

可是，有一个叫作乔治·赫伯特的学员，并不认为这个题目是不可能完成的。他对完成这个题目充满自信，相信自己一定能够成功。他先围绕着斧子和布什总统的关系进行了一番详细的调查研究，得知布什总统在得克萨斯州有一座农场，农场里面长着许多树木，这些树木确实需要修剪。紧接着就给小布什总统写信，阐明总统需要买一把斧子的理由。小布什总统接信后，也认为是这样，确实有必要买一把斧子，一来对树木进行修剪，二来锻炼身体，经常到林子里呼吸一下新鲜空气，三可以调节一下总统繁忙的生活。于是立即给这位学员寄去了15美元，买回了一把斧子。

乔治·赫伯特成功后，布鲁金斯学会奖给了他一双上面刻有"最伟大的推销员"的金靴子，并在表彰他的时候说，金靴奖已设置了26年。26年间，布鲁金斯学会培养了数以万计的推销员，造就了数以万计的百万富翁。这只金靴之所以没有授予他们，是因为我们一直想寻找这样一个人——这个人从不因有人说某一目标不能实现而放弃，从不因某件事情难以办到而失去自信。

乔治·赫伯特之所以会取得成功，是因为他在关键时刻敢于挑战"不可能"，他相信只要不自我设限，就不会再有任何限制；突破自我限制，任何事情都不能阻止自己。

对每一个人来说，追求卓越、挑战自我是一种重要的生活标准，更是人们高效学习、工作和生活的重要保证。可以想象，一个满足于现状、不思进取的人很难在事业上做出一番成就。所以，父母也应该鼓励孩子挑战自己。

孩子如果敢于挑战自我，就等于拥有了智慧和胆量，就能促进自我提高和自我完善，使他赢得一种内在的力量，从而推动人生走向成功。

1.让男孩做有挑战性的游戏

父母可以在家里设置一些有助于孩子挑战自我的游戏，比如，让他独自一个人做一件事情，与父母比赛忍耐力等。这种游戏不仅可以提高孩子的耐性，让孩子勇于挑战自我，而且可以促进亲子关系的和谐。

2. 让男孩渴望创造奇迹

一个人之所以卓越，是因为他在思想上或在行为上有追求，他渴望成功，渴望创造奇迹，渴望改变命运。如果孩子拥有创造奇迹的渴望，无论什么事情，他都会努力做到最好，尤其在学习上力争上游，努力向第一名靠拢。只要孩子抱有追求卓越的信念，就一定能实现。孩子在生活的其他方面也会如此。所以，父母要让孩子渴望创造奇迹。

3.不让男孩为心灵设限

自我设限是人生的最大障碍，如果突破它，将会给人生带来难以置信的奇迹。一个人只有不断地突破自我的局限，不断为自己提出更高的要求，才能走出平庸的生活模式，激发出自己的潜能。

跳蚤有着极强的弹跳力，统计表明，一般跳蚤跳的高度可达它身体的40倍，可以说，跳蚤是动物界的跳高冠军。有人做了一个实验：把一只跳蚤放进玻璃杯中，就会发现跳蚤会立即跳出来，再重复几遍，结果依旧如此。接下来，再次把这只跳蚤放进杯子里，并且立即在杯上加一个玻璃盖，"啪"的一声，跳蚤就会重重地撞在玻璃盖上。在一次次被撞后，跳蚤开始变得聪明起来，它开始根据玻璃盖的高度来调整所跳的高度。再过一会儿，就会发现跳蚤再也不会撞到玻璃盖了，而是在盖子下面自由地跳动。

　　一小时后，把这个玻璃盖拿掉，跳蚤不知道玻璃盖已经去掉了，它还是在这样的高度继续跳；再过几小时，会发现这只跳蚤还在这样的高度跳。一天后，可怜的跳蚤还在这个玻璃杯里不停地跳着——它已经无法跳出玻璃杯了。

　　难道跳蚤真的不能跳出杯子吗？当然不是。问题在于经过几次碰撞，它的心里已经默认了这个杯子的高度是自己无法逾越的。

　　所以说，有限的追求造成有限的人生，每个人的心里面总有个高度，如果不摆脱自我设限，就永远无法达到自己的真实高度。古人云："大志得中，中志得小，小志不得，无志庸碌。"说的就是不要为自己的潜能设限，要勇于突破自我，追求卓越。如果父母想让孩子超越自我，就不要让他为心灵设限，而是应该鼓励他积极地、不停地突破自我，勇于寻找机会锻炼自己，提高能力，追求卓越，拒绝平庸。

从小培养男孩的领导意识

　　美国孩子的领导能力在全世界是非常知名的，连小孩子或者中学生，他们的领导能力都让很多人惊叹不已！他们的父母、老师从小就注重培养孩子的领导能力，如参加各种演讲、演出，让小孩子自己组织活动、比赛，等等。目前，美国等西方国家的学校已经把学生领导力的培养引入正常教学实践中，中国的许多教育专家也越来越重视对这个问题的研究。他们发现在领导者的能力中，大多是可以通过对孩子的培养获得的，比如胸襟开阔、能与人合作、能支持别人，等等。这也给父母培养孩子的领导力指明了道路。培养孩子的领导能力应被视作孩子早期教育的重要内容。

领导力并不是天生就有的，它可以后天练就。据上海一项调查显示，按照具有领导潜能学生占全年级的比率来算，五年级学生最多，占27%，而高一年级最少，只有5%。高二年级小幅回升，到高三上升到12%。由此得出结论：领导潜能随学生年级增长而下降。所以，孩子领导力的培养和锻炼越早越好。

一位妈妈在她的教育日记中记录了这样一件事情：

> 儿子鑫鑫今年5岁，长得壮壮实实，人也聪明，唯独习惯做集体中的小尾巴，令我头疼。比如儿童节，老师要求布置教室，小朋友们忙着贴壁画、拉花，鑫鑫却无所事事，还振振有词地说："老师没安排我"；手工课上，老师让小朋友随意剪彩纸，有的孩子三两下就剪出恐龙来，鑫鑫只会模仿别人……
>
> 老师暗示我，鑫鑫不积极参与活动、不自信、不敢探索，这些行为说明他性格中缺少领头羊的意识，长久下去，他会养成没有主见、随波逐流、凡事都喜欢垫底的品性，势必影响未来的生活和事业。
>
> 我很着急，开始观察邻居中的孩子王，以及学校里的大队长、小班长们，仔细琢磨他们的言行。我发现，这些小领头羊的父母，无不遵循着培养领导者的基本准则——培养孩子的进取精神和责任感，让他们独立生活、勇于探索，并随时创造机会、让他们自己解决难题。

没有天生的领导者，只有后天造就的领导者。父母不可能永远跟着孩子，也无法为孩子预计未来，但每位父母都希望孩子赢得未来！孩子虽然不一定都能成为总统或者商业巨子，但每个孩子都有影响世界的潜能，关键在于父母对于孩子领导力的培养！

美国著名的体育运动心理中心主席安德逊教授和许多运动员、学生、军校学员和公司经理一起工作相处。根据经验，他确信领导者不是天生的，而是后天培养出来的。一般而言，男孩天生就具有领导欲，假如父母能够好好开发和培养男孩的领导能力，那么相信当诸多挑战与机遇降临到男孩的面前时，无论他是否处在领导者的职位，都能凭借自身良好的能力自如地应对。

那么有哪些方法可以帮助父母培养男孩的领导能力呢？

1.给男孩正面积极的肯定

一天，林林和小朋友踢足球输了，原以为一直在旁观战的爸爸会说："唉，你太笨了。"万万没想到，爸爸边替他擦汗边夸奖他："儿子，你带球过人的技术真棒，奔跑很积极，如果再加强射门练习，会踢得更好。"接下来，爸爸让林林把这次比赛自己表现的优缺点写下来，找出自己的不足。林林通过仔细地回顾比赛，发现自己在射门的时候表现得比较弱，于是爸爸就针对他这一弱点，对他进行了射门训练。现在，林林不仅是足球队的前锋，还是小区里的孩子王，一呼百应。

男孩内心深处都有当领导的欲望，所以培养他的领导能力的第一步，就是给他积极的肯定，不断增加他的自信心，并引导他积极地思考，进而培养他处理事情的能力。

2.鼓励男孩多多表现自己

领导才能需要在实践中不断磨炼。父母要鼓励孩子出面组织一些集体活动，支持孩子在班上竞选班干部，在运动队中担任负责人，因为这些都可以给孩子提供展示自己领导能力的机会。如果孩子能够成为校学生会或团支部的成员，那么他同样拥有锻炼并展示自己领导才能的良好机会。

一位妈妈这样介绍她的育儿心得：

儿子班上刚上任的班主任正在班里选班长，在班里当"官"一直是儿子的梦想，于是我就鼓励他："儿子，上课老师提问你要多思考，主动举手回答问题，给老师留下一个好印象，这对你的竞选很有帮助。"

一个星期后，儿子竟然兴奋地告诉我，老师选他当班长了。我虽然笑着恭喜儿子，但是心里一直在犯嘀咕，这新来的老师怎么这么快就选出班长了呢？后来这位老师家访的时候我才知道是怎么回事。

原来，老师告诉大家，每天在上课前早自习时间背《唐诗三百首》，上课老师抽查，谁背诵得好，老师让谁领诵。当"官"心切的儿子信以为真，回家后认真地背诵。第二天，老师真的检查，结果只有儿子一个人背下来了。这位新老师对我说："本来想考察一段时间再定班长人选，一看这孩子这么出色，就让他做班长了。"

当上了班长，这对儿子是一个极大的激励。从此他办事、学习变得更加积极、主动，每天带领同学们背诵课文，课外时间还带大家搞一些文艺活动和公益活动，事事都走到了同学们的前面，结果在学期末就被评为了"市三好学生"。

对孩子来说，他们年龄小，所以他们的自信需要父母的培养，而且自信与领导力是息息相关的。所以，在平时的生活中，哪怕是一个小小的成功，父母都应该给予孩子适当的鼓励，从而增长孩子的自信心。当孩子面对困难的时候，家长不应该帮助孩子解决，而是鼓励孩子，告诉他："我相信你能行！"虽然只是简单的一句话，但是给了孩子信任，孩子的自信心也会得到提高，当他通过自己努力解决问题的时候，会有一种荣誉感，而这种荣誉感对他领导力的培养也有着很大的帮助。

3.让男孩自己做出决断

决断力对于一个领导者来说非常重要，一个没有决断力的人只能听人指使，任别人安排自己的生活。因此，父母若想培养一个有领导才能的男孩，就应该培养他的决断力。

一位妈妈在她的教育日记中记录了这样一件事情：

今天下班后，母亲告诉我，明明所在的幼儿园要开兴趣班了，有英语、跆拳道、绘画、舞蹈、书法各种班等。母亲说："咱们应该给明明报哪个兴趣班呢？我觉得报英语班比较好，为明明将来学英语打基础。"

我说："我倒无所谓，最好还是先问问明明的看法吧。"母亲说："他才6岁，他懂什么啊！"母亲觉得这样的事情还要问明明，似乎是多此一举。

不过，晚饭后，母亲还是把明明喊到一旁，说："明明，姥姥给你报个英语班吧，要是能说一口流利的英语有多神气啊！"没想到明明马上摇摇头说："不！我要学书法！"

"书法有什么意思啊？拿着毛笔画来画去，即使学好了将来也没什么用处。听姥姥的吧，学英语好不好？"

"不，我学书法，因为我喜欢！"

我在一旁听着不由得笑了，儿子这么有决断力，正是我内心所希望的啊！其实，从儿子刚刚懂事的时候起，我和丈夫就有意识地让他自己去决定一些事情。比如，周日想去哪玩，早晨想吃什么，明天要穿哪件衣服等。久而久之，儿子的决断力就越来越强了。

不要认为男孩年龄小，很多事情不知如何决定，其实他的决断力也是需要在生活中不断培养的。如果父母能经常让男孩为自己的事情做决定，渐渐地他就能快速而正确地决定一些事情了。

4.给男孩机会进行领导的实践

幼儿园要求小朋友自荐当干部，亮亮争当劳动委员。妈妈却反对："每天要早到20分钟打扫卫生，多辛苦。"亮亮问："当体育委员行吗？"妈妈又数落："活动时要负责拿运动器械，磕着碰着怎么办？"总之，妈妈只希望亮亮学习好、身体好。至于当班干部，累人又费时间，一点好处都没有。由于不关心集体，亮亮形单影只，没有任何号召力。

小强正相反，无论是幼儿园、社区，还是兴趣班，妈妈都主动请缨让他当干部，锻炼他的领导才能。由于从小就获得了与人打交道的经验，具备超越同龄小朋友的管理能力，刚上小学，他就成为学校外联部的"小干部"，还在电视台出镜，为学校做专辑。他的理想是：长大做个外交官。

给孩子机会，让他在擅长的领域领导他人，这有助于帮他们树立信心，增加与人打交道的经验和能力，这是领导者必备的本领。

多交朋友，培养男孩的社交能力

交往是人的需要，也是社会对人的要求，通过交往，人们能够互相交流信息和感情，协调彼此之间的关系，达到共同活动的目的。成功学大师卡耐基曾说过，一个成功者，专业知识所起的作用是15%，而交际能力却占85%。人际关系的和谐，交往本领的高强，是未来社会判断成功者的重要标准。

与人交往对孩子的成长有很重要的作用。社会的发展，越来越需要人们具有善于与人交往合作的能力。培养孩子良好的社交能力，不仅是孩子智力发展、健康成长的需要，更是他们日后生存和发展所必备的品质。

然而，在现实生活中，有不少男孩不善交际，不会交际，甚至害怕交际，有的在成年之后，还视交际如险滩。

一位男孩的母亲这样描述自己教育儿子的苦衷：

我儿子平常在家时行为、举止正常，只是一见陌生人就胆怯退缩，不敢说话，躲在一边。在班里，他从来不主动与同学说话，也不与同学玩。上课时，他也不敢举手发言，老师叫他回答问题时，他说话的声音像蚊子一样；下课了，他从不出教室，一个人缩在角落里不敢动。有一次，儿子因其他原因受到了老师的批评，这本来是很平常的事，但他却因此不想再上学了，学习成绩也在不断下降。我真不知该如何才好。作为一个男孩，如果这样发展下去，我真为他的将来担心！

其实，交际能力并非天生的技能，它和后天锻炼是分不开的。当男孩在很小的时候，父母就要重视对这种能力的培养，让孩子从小就拥有良好的人缘，学会与人和谐相处。

交往是让孩子适应社会、进入社会的一个重要途径。孩子只有在与同伴、成人的友好交往过程中，才能尽早学会在平等的基础上协调各种关系，正确地认识和评价自己，形成积极向上的情感。

小强是小学二年级的一名学生。他既聪明大胆，又活泼有主见，深得父母的宠爱，在家俨然是个小霸王。在与同伴交往的时候，小强也显得非常霸道、任性，常常为了一点小事就与同伴发生争吵。因此许多孩子都不愿与他交往，父母为此很苦恼。后来，老师积极引导父母转变家教方式，有意识地培养孩子学会自我控制，合理调整和伙伴之间的相互关系，使小强充分体验到与同伴一起游戏的快乐。后来，小强交到了许多朋友，由此获得了快乐与自信。

交往是孩子融入社会的重要前提，和亲近的同学、伙伴建立友谊，有利于孩子相互学习社会知识、体验社会，为以后的人际关系奠定基础。通过自由平等的交往，孩子能够发展自己的社会交际能力和判断力。

随着社会的发展，人际交往的功能越发显得重要，父母必须重视对孩子交往能力的培养，使孩子更好地适应社会的发展。怎样让孩子学会与人相处、与人交往，培养孩子生存能力，这是父母很重要的一课。

1.为男孩创造社交的机会

李楠夫妇从来不让自己的儿子小远回避自己举行的家庭聚会。无论是自己家的聚会还是去赴会，他们都尽量让儿子参与进来。例如，每次在家里聚会，他们都让儿子到门口去迎接客人，并告诉儿子来客的身份和称呼，时间长了，小远学会不少礼仪。客人进门之后，他还会主动给客人让座、倒水等，俨然一副小主人的模样，一点儿都不怕生。

此外，李楠夫妇还经常带着小远出席一些外面的聚会。在赴会之前，他们都会告诉孩子这是什么类型的宴会，告诉他在宴会上该怎么说话。

在李楠夫妇的教导下，小远的思维方式得到了锻炼，变得非常有礼貌，人见人爱，人见人夸。李楠夫妇对此非常有成就感。

孩子自己的圈子毕竟是有限的，父母要为孩子多提供社交的机会，以增长孩子的见识，增强孩子的社交能力，为孩子将来步入五彩缤纷的社会奠定必要的基础。在生活中，父母可以多带孩子参加一些社会活动，或请邻居的孩子到家中玩，让自己的孩子与别的孩子住在一起，请好友的孩子在自己家住几天等。给孩子创造一些与人交往相处的机会，时间长了，孩子就能增强与人交往的能力。

2.教会男孩与人交往的技能

李华今年8岁了，刚刚上小学一年级，由于某种原因他比同龄的小朋友晚入学一年。入学后，李华没有朋友，就连他的同桌小强也不愿意理他，还经常欺负他。

李华把这些情况告诉了爸爸，爸爸问他："小强为什么不愿意理你呢？"

"他说我很笨，所以晚上一年学，还告诉其他同学不理我。"李华告诉爸爸。

"那你就好好读书，每门功课都要比他们好，让老师也说你好，他们就不会不理你了。"爸爸说道。

李华听了爸爸的话，非常用心地学习，成绩进步很快，这让同学们都很吃惊。渐渐地，他们都不说李华笨了。

可是，小强还是经常欺负李华，有一次竟然打了他。李华很难过，告诉了爸爸。

"小强是个怎样的孩子？你能和爸爸说说吗？"爸爸问李华。

"他学习不用功，经常在学校里捣乱，上课也不好好听讲，老师让他回答问题，他什么都不会。"李华说道。

"噢，那你想过在学习中帮助小强吗？"爸爸问。

"我为什么要帮他，他总是欺负我！"李华不解地说。

"要想不让他再欺负你，最好的办法就是把他变成你的朋友，你觉得呢？"

李华想了一会儿，对爸爸说："我知道该怎么办了。"

"好，相信你们会成为好朋友的！"爸爸高兴地说。

后来，李华果然主动去帮助小强了。起初小强还有点迟疑，但看到李华是真心想帮助自己，便愉快地接受了帮助。过了一段时间，小强的学习成绩有了很大的进步，李华和小强也成为最好的朋友。

乔治·华盛顿大学的心理学家莱金·菲利普斯认为，许多孩子不能与他人正常交往的原因，是因为他们没有学会基本的人际交往技能，从而也不能以正常的方式和别人交往。所以，父母要教会孩子与人交往的技能。比如，友好地与同伴交谈，用他人喜欢的名称招呼他人；理解同伴的兴趣和爱好，既能服从别人的兴趣，但又不盲从；乐于帮助遇到困难的同伴；平等地与他人交往，愉快地与同伴合作，等等。

3.鼓励男孩主动去交朋友

在对待男孩的交友问题上，很多父母总乐意让孩子找爱好、志趣乃至性别相同的孩子交朋友，甚至代替孩子来选择他们的朋友。实际上，这样做的局限性和危害性都非常大，会无形中限制孩子的活动空间，而且这种思想的灌输也极易导致孩子形成自私的性格。

5岁的张杰是个性格温顺、内向的孩子，可在幼儿园里却总是交不到朋友，爸爸妈妈为此伤透了脑筋。他们不知道，其实造成张杰性格孤僻的原因，正是因为他们忽视了对孩子进行早期社交能力的培养。原来，张杰从小到大，父母很少带他出去玩，一怕孩子沾染上细菌，二怕孩子被陌生人拐跑。

结果就是张杰见到陌生人就吓得哇哇大哭。张杰3岁时，家里请了个小保姆带他。保姆人很老实，不太爱说话。爸爸妈妈平时工作也挺忙，很少和孩子在一起，家里更是很少有外人来做客。慢慢地，张杰就学会了自己在家里玩，很少出去了。上了幼儿园后，张杰对周围的环境极不适应，总是一个人坐在角落里发呆，不爱参加集体游戏，而小朋友们也觉得他是个怪人，不愿与他亲近。

孩子长大以后要走上社会，需要与各种各样的人打交道，如果在成长阶段就限制他们的交友空间，那么孩子从小就学不会如何与各种不同的人相处。当他们在遇到兴趣不同的人的时候，会不自觉地产生排斥心理，不知道怎样处理与他们的关系。

因此，望子成龙的父母，请放手让男孩自己去交朋友吧，因为天才的成长离不开社交能力的培养。

帮男孩拔去自卑的钉子，体验成功

所谓自卑是指一个人严重缺乏自信，他们常常认为自己在某些方面或各个方面都不如别人，常用自己的短处和别人的长处相比，具体体现在遇事不相信自己的能力，办起事来爱前思后想，总怕把事情办错被人讥笑，并且缺乏毅力，遇到困难畏缩不前。说得直接一点，也就是自我评价过低，自己瞧不起自己。在充满竞争的现代社会中，一个自卑而缺乏信心的人是很难获得成功的，甚至一起步就面临被淘汰的命运。

每个人都或多或少有一些自卑感。关于自卑，奥地利著名心理学家阿德勒曾这样说："人类都有自卑感，以及对自卑感的克服与超越。当我们小的时候，看到别人长大而自卑；当我们大的时候，却发现别人比我们更有钱而自卑；当我们有钱的时候，看到别人比我们更富年轻力壮而自卑。这样看来，自卑其实是不可怕的，从某种程度上讲，自卑也是推动一个人不断自我完善的动力。但是，如果你已经认识到自己的自卑，而不愿意去进行自我突破的话，那么自卑对你来讲就是非常有害的。"

德国著名诗人歌德说："人生最大的悲剧是自卑。"自卑的人总是把"我不行"、"我没希望"、"我会失败"等话总是挂在嘴边。可以说，每个人都曾有过自卑的念头，当然，孩子也不例外，但父母千万不要让这种危险的念头主宰了孩子，要让孩子相信，自己一定会战胜自卑。

自卑性格的形成往往源于儿童时代。一个人小的时候，正是性格和信念发展的重要时期，也是一个人学习功课、掌握本领的重要时期，此时如果产生了自卑感，不相信自己有能力去改变世界，整日用一种消极和自卑的情绪去生活，那么他们的自我暗示就会接收这种缺乏信心的情绪，从此一蹶不振，引发出人际关系障碍和许多行为上的困扰，妨碍学习、生活和人际交往的正常进行。这对于孩子的成长是十分不利的。

有一位大学生，毕业后被分配在一个偏远闭塞的农村任教。看着昔日的同窗有的分配到大城市，有的分配到大企业，有的投身商海。而他充满梦想的象牙塔坍塌了，面对现实，他好似从天堂掉进了地狱。自卑和不平衡油然而生，从此不愿与同学或朋友见面，不参加公开的社交活动，为了改变自己的现实处境，他寄希望于报考研究生，并将此看作唯一的出路。但是，强烈的自卑与自尊交织的心理让他无法平静，在路上或商店偶然遇到一个同学，都会好几天无法安心，他痛苦极了。为了考试，为了将来，他每每端起书本，却又因极度的厌倦而毫无成效。据他自己说："一看到书就头疼。一个英语单词记不住两分钟；读完一篇文章，头脑里仍是一片空白。最后连一些学过的知识也记不住了。我的智力已经不行了，这可恶的环境让我无法安心，我恨我自己，我恨每一个人。"几次失败以后他停止努力，荒废了学业，当年的同学再遇到他，他已因过度酗酒而让人认不出他了。他彻底崩溃了。短短的几年却成了他一生的终结。

自卑是一种人格上的缺陷，一种失去平衡的行为状态。自卑使人变得十分敏感，经不起任何刺激。一个孩子如果被自卑心理所笼罩，其身心发展及交往能力将受到严重的束缚，聪明才智也得不到正常的发挥。这对于孩子的成长是十分不利的。

专家认为，自卑儿童往往会表现出如下早期征兆。

难以集中注意力。自卑感强的儿童在学习或做游戏时往往难以集中注意力，或只能短时间地集中注意力。这是因为"挥之不去"的自卑心理在作祟。

常年情绪低落。如果孩子常常无缘无故地郁郁寡欢，那很可能就是自卑心理使然。

过度怕羞。儿童，特别是女童略有怕羞纯属正常，但如怕羞过度，包括从来不敢面对小朋友唱歌，从来不愿抛头露面，从来不敢接触生人等，则可能内心深处隐含有强烈的自卑情绪。

拒绝结交朋友。一般来说，正常儿童都喜欢与同龄人交往并十分看重友谊，但具自卑心理的孩子绝大多数对交结朋友或兴趣索然，或视为"洪水猛兽"。

经常疑神疑鬼。自卑儿童对家长、教师、小伙伴对自己的评论往往十分敏感，特别是对别人的批评，更是感到难以接受，甚至耿耿于怀。长此以往，他们还可能发展到"疑神疑鬼"的地步，总无中生有地怀疑他人不喜欢或者怪自己。

过分追求表扬。自卑儿童尽管自感"低人一等"，但往往又会反常地比正常孩子更追求家长和教师的表扬，而且可能采用不诚实、不适当的方式，如弄虚作假、考试作弊等。

贬低、妒忌他人。自卑儿童可能常常会贬低、妒忌他人，如可能为邻桌受到老师表扬而咬牙切齿甚至夜不能寐。心理学家认为，这是他们为减轻自身因自卑而产生的心理压力设计的宣泄情绪的渠道，尽管这往往并不奏效。

自暴自弃。占绝大比例的自卑儿童往往会表现为自暴自弃、不求上进，认为反正自己不行，努力也是白搭。更有甚者，还可能表现出自虐行为，如故意在大街上乱窜、深夜独自外出、生病拒绝求医服药等，似乎刻意让自己处在险境或困境之中。要是遭到家长指责，便以"反正我低人一等"做辩解。

回避竞争、竞赛。虽然有的自卑儿童十分渴望在诸如考试、体育比赛或文娱竞赛中出人头地，但又无一例外地对自己的能力缺乏必要的自信心，因而断定自己绝不可能获胜。由此，绝大多数自卑儿童都是尽量回避参与任何竞赛，有的虽然在他人的鼓励下勉强报名参赛，但往往在正式参赛时又会临阵逃脱，甘当"逃兵"。

语言表达较差。据专家统计，八成以上的自卑儿童的语言表达较差。他们或表现为口吃，或表述不连贯，或表达时缺乏情感，或词汇贫乏等。专家们认为，这是因为强烈的自卑感极有可能阻碍了他们大脑中负责语言学习的部分正常工作之故。

对挫折或疾病承受力差。自卑儿童大多不能像正常儿童那样承受挫折、疾病等消极因素带来的压力，即使遇到小小失败或小小疾病也"痛不欲生"，有时甚至对诸如搬迁、亲人过世、父母患病等意外都感到难以适应。

自卑的心理不利于孩子的健康成长，父母应关注自己的孩子有没有自卑心理，一旦发现，需尽早帮助其克服和纠正，以免形成自卑性格。

1.帮男孩建立自信

小辉非常自卑，他的背上有两道非常明显的疤痕，从颈上一直延伸到腰部。上体育课换衣服时，同学们经常嘲笑他："好可怕哦！""怪物！"天真的、无心的话往往最伤人，小辉偷偷地哭了。这事发生以后，小辉的妈妈特地带着他去找老师。

老师知道了情况后，不断地想解决问题的办法。突然，老师脑海里灵光一闪，她摸了摸小辉的头，让他回家去了。第二天上体育课，小辉怯生生地躲在角落里，脱下了他的上衣。果然不出所料，有小朋友又厌恶地说："好恶心呀！"

小辉双眼睁得大大的，眼泪已流了下来。这时候，门突然被打开，老师出现了。几个同学马上跑到了老师面前说："老师你看，他的背好可怕，像条大虫。"

老师没有说话，只是慢慢地走向小辉，然后露出诧异的表情。

"这不是虫！"老师眯着眼睛，很专注地看着小辉的背部，"老师以前听过一个故事，大家想不想听？"

小朋友最爱听故事了，连忙围了过来。

老师说道："这是一个传说。每个小朋友，都是天上的天使变成的，有的天使变成小孩的时候很快就把翅膀脱下来了。有的小天使动作比较慢，来不及脱下他们的翅膀。这时候，那些天使变成的小孩子，就会在背上留下这样两道痕迹。"

"哇！"小朋友发出惊叹的声音，"那这就是天使的翅膀吗？"

"对啊，"老师露出神秘的微笑，"大家要不要互相检查一下，还有没有人像他一样，也没有来得及脱去翅膀的？"

所有小朋友听到了老师这么说，马上七手八脚地检查对方的背，可是，没有人像小辉一样有这么清晰的痕迹。

"老师，我这里有一点点的伤痕，我是不是天使？"一个小男孩兴奋地举手。

"才不是哩，我这里也红红的，我才是天使！"

小朋友们争相承认自己的背上有疤，完全忘记了取笑小辉的事情。

小辉的脸上也露出了笑容。

老师用"天使的翅膀"让大家不再嘲笑小辉的疤痕，使小辉走出了自卑的阴影，帮助小辉重新树立起了信心。

想要让孩子克服自卑感，父母自己首先要有自信心，并把自信传给孩子。应当让孩子知道每个人都有自己的优点和缺点，所有人都有着自己的缺陷，都会产生自卑感，关键是要能够克服自卑感。 亚里士多德、达尔文、伊索、拿破仑都有口吃病，亚历山大、莫扎特、贝多芬、拜伦都因身体佝偻、口吃、身材矮小、耳聋等而产生过自卑感，但他们并未因而灰心，也没有因此而丧失生活的勇气。他们坚定成就事业的信心，最终都获得了成功。

父母应适当让孩子多了解一些名人的故事，教育孩子正确地看待自己的缺点短处，慢慢树立孩子的信心，增强孩子进取的勇气。

2.给男孩更多积极的评价

有的孩子之所以变得越来越自卑，一个非常重要的原因就是父母对孩子要求过高，使孩子时时处处被批评与指责。长此以往，孩子每做一件事，他在潜意识中总会对自己做出否定的结论。

毛毛出身于知识分子家庭，父母都是高级知识分子、大学里的教授。毛毛是独生子，因此爸爸妈妈把全部希望都寄托在他身上，希望毛毛和他们一样有知识，甚至超越他们。于是从毛毛很小的时候起，爸爸妈妈就给他制订了发展计划。当毛毛刚咿呀学语时，父母就教他念英文。等毛毛长到三四岁时，他每天的时间就被父母安排得满满的。如早晨起床要练声，上午学知识，下午学跳舞，晚上练琴。毛毛的爸妈希望毛毛成为一个全才，所以对他各方面的要求都非常严格。

毛毛起初的表现很出色，不论在幼儿园里还是后来的学校里，他都是一个活跃分子，老师同学们都很喜欢他。在德智体等方面，他都不会落于人后，但这样仍不能让他的父母满意，因为父母给毛毛定的标准是第一。每当毛毛拿着自己还认为满意的成绩单高高兴兴地回家时，得到的总是父母的训斥："这道题怎么能错呢？这么简单，真是笨呀！"听到父母对自己的评价，毛毛伤心地低下了头。上小学一年级时，毛毛参加了全市的歌咏比赛，拿了二等奖。下台之后，他欣喜地向爸爸妈妈跑去，没想到面对的却是爸妈冰冷的面孔："你看人家获一等奖的那个小朋友，嗓子多甜美，表情多自然，可比你强多了，你呀，真让我们失望。"可怜的毛毛，流下了委屈的泪水。在这样的教育方式下，毛毛慢慢地变了。他12岁了，上小学五年级，据老师说，这几年来，毛毛仿佛换了一个人，原先他是一个特别开朗、活泼、聪明可爱的孩子，而现在他总是一个人独处，很害羞、胆怯，不和小朋友们一起玩；上课从来不主动回答问题，就是老师把他叫起来，他的回答也是含含糊糊，犹犹豫豫，总是说我不行、我不知道，再也看不到毛毛那充满自信、活泼可爱的样子了。

嘲笑与指责不但不会使孩子改正缺点，获得进步，反而会使孩子产生一种心理上的恐惧感，从而否定自己，并产生自卑感，严重的还会意志消沉、精神萎靡，所以说，父母不要奢求孩子能完美地做好每一件事，而应该首先鼓励孩子去做，然后努力发现孩子在做这件事的过程中值得肯定的方面并进行及时的表扬，从而慢慢增强孩子的自信心。要让孩子懂得做该做的事，并努力把它做好，这本身就是成功，也是对自己最好的肯定。

3.引导男孩正确评价自己

有一名幼儿教师，她的儿子从中班到大班一直都在自己任教的幼儿园上学，她每天带着儿子上下班也很方便。可是，如此却养成儿子很强的依赖性。再加上她的同事对儿子要求不太严格，以致儿子养成了娇气的性格。

后来，她决定将儿子转学到少年宫，借此来锻炼一下儿子的独立性和适应能力。起初，儿子的表现非常好，经常受到老师的表扬。可是，突然有一天，儿子哭着闹着，说什么也不去少年宫了。原来，有一天上舞蹈课练习下腰时儿子嫌疼哭了，结果被老师当众狠狠地批评了一顿。儿子觉得舞蹈老师不喜欢他，说什么也不想去了。

于是，这位母亲微笑着鼓励儿子说："不要紧，你是第一次学嘛，有的小朋友已经学过几次了。你还记得吗？面试的时候，老师也表扬过你呀，说你表情好，夸你韧带柔软。这次批评你是因为对你的要求高，希望你做得最好，跳得最出色，不是吗？再说，刚开始学跳舞是有一点疼。如果每个小朋友都像你一样大声乱叫，老师怎么教你们呢？疼的时候忍耐一下，坚持一下，多压几下。有的动作是有一点难，只要你努力一点，多练几遍，慢慢地就不会疼了，动作也做得更漂亮了，老师也就会表扬你了。"儿子听后，破涕为笑："妈妈，我知道了。我会跳得比别人好的，让老师喜欢我。"

在生活中，父母要帮助自卑的孩子发现他的长处，肯定他的成绩，并且让优点、长处进一步放大。因为一个人只有客观地评价自己和他人，与他们进行正确的社会比较，才有助于肯定自己，才可能克服自卑感，体验成功。